I0818871

RdR
RELACIÓN de RIESGO
BY LORETTA VALLE

RELACIÓN DE RIESGO

Loretta Valle

RELACIÓN DE RIESGO

El método para encontrar la llave de tu libertad

AGUILAR

Relación de Riesgo
El método para encontrar la llave de tu libertad

Primera edición: noviembre, 2025

penguinlibros.com

ISBN: 978-607-386-678-1

Impreso en México – *Printed in Mexico*

A Mario, mi flaco adorado,
por ayudarme a comprobar lo que ya intuía:
el buen amor sí existe.

ÍNDICE

Antes de que comiences a leer este libro...

No querer ver la realidad de la relación en la que estás es optar por sostener fuertemente la venda que te ciega día a día.

A pesar de que esa relación te daña, te mantiene en un estado de permanente zozobra y ansiedad, te hace sufrir con la presencia física, así como con la ausencia emocional de pareja. A pesar de las constantes peleas y de que vives escasos momentos satisfactorios, a pesar de la ilusión y de que anhelas que la fotografía mental de la pareja perfecta se vuelva realidad... A pesar de todos los pesares, sigues ahí, continúas aferrándote con todas tus fuerzas a la mera fantasía de algo insostenible.

Esa relación a la que estás enganchada –y que solo existe en tu mente– es la que te produce esa sensación de vacío, de carencia y de sufrimiento. Cada pleito, cada ausencia y cada lágrima te hunden más y más, y van matando poco a poco tu ser. Esa muerte lenta y dolorosa hace que cada vez te pierdas más en la relación y te distancies más de tu ser.

Ninguna relación te hará sentir plena, te permitirá integrar las piezas faltantes de ti, ni conseguirá que recuperes las ganas de vivir, ni te hará feliz si tú no estás bien.

Las relaciones basadas en el deseo de complementarse, en pretender que nos den lo que nos falta, son fantasiosas e inexistentes. Quien cree que la otra parte va a complementarlo, es porque está vacío y dos seres vacíos solo conseguirán dañarse más, pues el uno extraerá lo poco que queda del otro y viceversa, hasta quedarse solo con más vacío existencial.

Dejar, soltar y renunciar a esa fantasía no es fácil porque requiere de elaborar un duelo y de repararse uno mismo para integrar los propios vacíos emocionales.

Solo siendo seres completos, integrados, plenos, responsables, independientes y felices, podremos elegir una pareja sana. Hacerlo desde el vacío nos hace tomar lo que se nos presente... nos lleva a conformarnos con migajas de seres rotos que también buscan quien los complemente.

¿Qué sucede cuando vas al súper con hambre? Llenas el carrito, pruebas de todo y tomas lo que hay, tenga calidad o no, porque necesitas saciar tu hambre y llenar ese vacío en el estómago que te reclama alimento. Lo mismo sucede con el "hambre emocional", agarras lo que sea para que esa otra persona "te llene". La paradoja es que eso jamás sucederá y que, por el contrario, te vaciarás cada vez más, porque ese otro no es alimento emocional, sino un placebo que atacará momentáneamente el síntoma, mas no la causa... Solo tú eres tu propio alimento emocional y, hasta que no decidas llenarte, no saciarás esa hambre.

No te suicides emocionalmente. No sostengas relaciones que te dañan. No normalices el conflicto y el sufrimiento. No te abandones. No te conformes con sentirte bien de vez en cuando. No sostengas con fuerza la ilusión de que cambiará... no, no lo hagas porque eso no sucederá.

Reflexiona, acepta y decide soltar. Conócete y entabla una relación contigo, porque solo así podrás elegir una pareja que no sea un complemento, sino una gran persona completa que comparta su gran vida y su gran ser contigo...

Soltar duele, pero solo experimentando el dolor se puede reparar y sanar.

PRÓLOGO

María Enriqueta Gómez Fonseca

Las Relaciones de Riesgo existen. Son más frecuentes de lo que podemos imaginar. No son tan fáciles de detectar ya que se van configurando a través de maniobras sutiles que se instalan de manera progresiva e insidiosa en el seno de una relación.

Loretta es una autora valiente, sincera y honesta. No duda en ejemplificar con su propia historia cómo se van formando estas Relaciones de Riesgo y lo difícil que resulta salir de ellas.

Tenemos en nuestras manos un libro de fácil lectura, personalizado, ya que la autora parece estar hablando con cada uno de nosotros. Además, posee la cualidad de ser muy didáctico y claro, fundamentado en conocimientos teóricos serios, redactado de tal manera que se convierte en una guía personal para alcanzar lo que la autora llama el Ser Integrado, usando la llave de la libertad que todos tenemos.

Loretta pone el énfasis en la danza de pareja de las Relaciones de Riesgo y en la complementariedad de dos tipos de roles que juegan los participantes: uno de ellos en el papel de amenazante y agresivo (RA) y la contraparte desempeña el papel vulnerable de la diada (RV). Cada uno juega su papel, como si fuera una obra de teatro con un guion y diálogos muy claros.

Lo que inicia como una obra romántica, que parece cumplir con todos los mitos del amor, se va convirtiendo en un drama que escala y puede terminar en una franca tragedia. Es increíble constatar cómo, sin darse cuenta y sin proponérselo conscientemente, la persona RV va cayendo progresivamente en las redes de la persona RA, quien posee, en muchos casos, rasgos de personalidad tanto narcisistas como psicopáticos. Cabe señalar que este tipo de personas son brillantes y seductoras ("encantadores de serpientes"), con falta de empatía, rasgos egocéntricos, conductas antisociales, necesitados de admiración, devaluadores, con creencias de superioridad y muy hábiles para mentir y engañar.

Las maniobras de las personas RA son, al inicio, muy sutiles y poco a poco van desestabilizando a su pareja RV. Este patrón relacional va escalando y puede llegar a situaciones francamente peligrosas, incluyendo el riesgo de enfermedad y de muerte.

De esta manera, contemplamos una danza que inicia como un encuentro fantástico y sensacional ("demasiado bueno para ser verdad", como dicen en inglés: "too good to be true"), donde aparentemente están presentes los pilares de la relación de pareja planteados por Loretta: respeto, confianza y comunicación en dos personas seguras de su identidad.

Sin embargo, poco a poco, como menciona muy claramente la autora, utilizando anécdotas verídicas, el respeto se convierte en desconsideración, la comunicación en desconexión, la confianza en sospechas y dudas y la identidad de la persona RV empieza a desdibujarse, a medida que la persona RA aumenta su control y poder en la relación. Finalmente, la polarización continúa, la persona RV pierde fuerza, duda de sus percepciones, mientras que la persona RA aumenta su fuerza y su control y ejerce violencia sobre el otro. De esta manera, los pilares de la relación dejan de ser respeto, confianza, comunicación e identidad y se convierten en agresión, abuso, control desmedido y aislamiento: la persona con el Rol Vulnerable se encuentra prisionera en un patrón del que no puede escapar, en una situación de riesgo donde puede llegar a perder la salud, la cordura, inclusive llegar a la muerte.

Aunque puede haber conductas violentas, las personas RV difícilmente llegan a denunciar a la persona RA porque han perdido fuerza, están desvitalizadas, desestabilizadas, desdibujadas, confundidas y dominadas por el miedo, la culpa y la vergüenza. Se siguen aferrando muchas veces a la falsa esperanza de que la persona que aman volverá a ser la persona idealizada de la que se enamoraron.

Las Relaciones de Riesgo son muy complejas y difíciles de romper. Intervienen factores personales, genéticos, estructuras intrapsíquicas, familias de origen, aspectos culturales (mitos, creencias, prejuicios) y religiosos, etc. Para modificarlas no basta con explicar y conocer este tipo de relaciones. La situación es mucho más compleja, por lo que resulta difícil romper esta danza relacional.

Sin embargo, este libro tiene algo maravilloso: transmite esperanza.

Se nos presenta, por ejemplo, la historia de una persona, Loretta, que vivió en una Relación de Riesgo y pudo salir de ella a través de muchos años de trabajo personal y de estudios serios sobre el tema.

Veamos la riqueza de este libro:

Por una parte, aporta conocimientos serios explicados de una manera sencilla: conocimientos sobre teorías del desarrollo y la importancia del apego en los primeros años de vida, datos importantes clínicos sobre los trastornos de personalidad narcisistas y psicopáticos, los aportes de las neurociencias, los principios de la disonancia cognitiva y la descripción de la vinculación por trauma, los diferentes tipos de violencia y de abuso, etcétera.

Por otra parte, es un libro que brinda esperanza genuina, diferente de las "falsas esperanzas" basadas en la negación e idealización que impiden ver las cosas con claridad. Sostengo que brinda esperanzas genuinas, en primer lugar, por el ejemplo de vida que ofrece Loretta, basada en la fuerza de sus consignas internas: "Yo sí valgo, yo sí puedo". Convertirse en lo que ella llama un "Ser Integrado" no es tarea fácil, pero sí es posible. Lleva tiempo y mucho trabajo personal.

Este libro no solo describe una problemática dolorosa y difícil. Va mucho más allá: ofrece una guía para que cada uno encuentre la llave de su propia libertad.

Hay que desaprender y reaprender utilizando cinco reglas de oro, fáciles de enunciar, difíciles de aplicar: no te enganches en la discusión, no expliques, no justifiques, no te lo tomes personal y anula tus expectativas. Estas reglas, unidas a la capacidad de poner un límite, un "NO" rotundo, basado en la propia autoestima y en los puntos "no negociables" que todos tenemos, son oro molido para cualquier relación humana.

La autora propone, en su último capítulo, emplear un instrumento diseñado por ella: el semáforo de las relaciones, lo que nos permite detectar, de una manera muy práctica, si estamos entrando a una zona de riesgo.

Podemos concluir, con la autora, que trabajar la autoestima es integrar nuestros aspectos cognitivos, afectivos y conductuales y defender nuestra valía y nuestras competencias. Siguiendo las palabras de la autora: "uno de los objetivos de este libro es que te conviertas en un Ser Integrado que es cuando tomas la llave de tu libertad.... Y cuando te convierte es un Ser Integrado en tu casa mental y espiritual encuentras *la joya de la corona*: la paz".

INTRODUCCIÓN

Un acto de rendición

"Siempre parecía disfrutar de todo lo que dolía".

Albert Fish (Asesino en serie)

Viví dieciséis años en un infierno intermitente, en una montaña rusa emocional en la que pretendía ignorar un hecho nítidamente innegable: estaba en riesgo.

Pensaba que mi vida giraba en torno a ser una buena madre, una buena esposa, una buena mujer... y, aunque tengo la certeza de que había logrado serlo, nada parecía ser suficiente para él.

Me costó mucho trabajo y mucho dolor entender que no podía estar un segundo más en una relación así. Vivía entre agresiones psicológicas, emocionales y en la última etapa, físicas, aderezadas con promesas de cambio y fugaces momentos de júbilo;

promesas de un mejor futuro que simplemente se desmoronaban al instante en que, su premeditado y bien calculado siguiente ataque, me tomaba por sorpresa de nuevo. Mi matrimonio estuvo lleno de ataques y transgresiones que se diluían entre sonrisas fingidas que buscaban ocultar una historia muy dura. Hasta que un día, con mucho valor que no sé dónde tenía guardado, le puse un alto definitivo e irrevocable.

A partir de ahí, mi vida cambió... o al menos eso creía, porque incluso, luego de la separación, mi exmarido seguía ejerciendo una violencia sin tregua sobre mí. Lo que creí que terminaría con el divorcio acabó convirtiéndose en un tsunami de gran intensidad al que se le sumó un nuevo repertorio de hostilidad y otros tipos de violencia, como la económica y el terror psicológico.

Parecía que la paz y la tranquilidad que anhelaba eran inalcanzables para mí en esta vida. Lo peor era que yo luchaba no solo contra él, sino conmigo también, pues intentaba reconstruirme, reconocerme y descubrir quién era... No lo sabía; me sentía perdida.

En mi proceso de reconstrucción hubo de todo, por momentos creía estar avanzando, dando zancadas hacia una nueva vida, hacia mi libertad; pero también hubo muchas otras ocasiones en las que me sentía más desesperanzada que nunca, parecía que el Universo se empeñaba en seguir poniéndome pruebas, todas ellas muy difíciles.

Un par de años después de nuestra separación, mi exmarido había ideado su estocada más certera, golpeándome de la peor manera que yo podía experimentar: se llevó a mis hijos.

Crecí en una familia tradicional mexicana, donde todo lo que había aprendido acerca del amor y la pareja fue entender cuál era mi lugar. Como mujer, la cúspide del éxito de una "señora decente" era casarse, tener hijos y deberse completamente a su marido y familia. Sin embargo, mi vida en ese momento terminó siendo completamente lo contrario a lo que yo creí que era la tierra prometida. El sueño del amor romántico que me vendieron desde niña se había convertido en una horrible pesadilla. Ya no era la mujer que me había prometido ser, la adorable ama de casa con un hogar divino y una familia hermosa, sino que era la antítesis de ese arquetipo: divorciada, sola y devastada por el fracaso en mi matrimonio y, claramente, por la ausencia de mis hijos.

Por lo tanto, en esa etapa tan oscura, mi vida carecía de total sentido. ¡¿Qué haría ahora si había fracasado en mi única meta de vida?! Lo único que conocía me había sido arrancado por completo. Es decir, si yo no era la esposa de alguien o la madre de... ¿quién era entonces? ¿Quién era Loretta Valle? La respuesta me daba una bofetada en la cara: ¡No era nadie!

Así que, desconsolada y sin ninguna motivación, un día me cuestioné: ¿Para qué seguir viviendo? Ciertamente no tenía idea de cómo cortarme las venas, porque en realidad... ¿quién podría saber eso?, ¿cómo era posible siquiera pensar en atentar contra tu propia vida?, ¿en verdad era la única manera de acabar con todo el dolor?

No obstante, estaba decidida: acabaría con mi vida. Durante minutos que se convirtieron en horas y sumergida entre miles de pensamientos y lágrimas, recordaba cada instante de mi pasado y le reclamaba a Dios... ¡¿Por qué a mí?! ¿Qué había hecho tan mal para merecer este castigo tan cruel? ¿Acaso no había sido yo una buena persona? ¿Una buena hija? ¿Una esposa entregada? ¿Una madre devota? Todas estas, preguntas retóricas, sin respuesta. Lo único que tenía claro era el desdén de sus palabras, de sus acciones que parecían no agotarse para cumplir cabalmente su misión: romperme una y otra vez.

Fueron largos y extenuantes los segundos llenos de desesperación y duda, pero con la navaja sobre mi muñeca, la decisión estaba tomada... De pronto, un destello de luz me iluminó. Un pensamiento vino a mi mente: mi mamá. Recordé sus caricias cuando yo era niña. ¿Cómo podría causarle semejante dolor? ¿Qué culpa tenía ella de lo que yo estaba a punto de cometer? Reflexioné unos instantes y entendí que lo que yo sentía no iba a ser remotamente comparable con lo que ella tendría que experimentar, pues encontraría a su hija sin vida, en una tina de baño y... ¡¿Quién carajos supera eso?!

Por supuesto, también pensé en mis amados hijos, entonces me pregunté: ¿Realmente sería capaz de morir y descansar en paz, sabiendo que les dejaría un gran peso sobre sus hombros por el resto de sus vidas? La simple idea me dejó paralizada.

De repente, en un acto de rendición, ante la absoluta oscuridad que me atormentaba en esa fría tina de baño, la pequeña luz que había sentido segundos antes se intensificó. No sé de dónde vino o cómo fue exactamente, pero sentí su calor, su vigor. En un instante recobré la cordura y percibí una fuerza interna que me hizo entender que no podía rendirme, que aún tenía una misión por cumplir y, aunque en ese momento no tenía la menor idea de cuál era mi camino, lo único que supe es que no terminaría ahí.

Mis hijos no estarían conmigo, pero al menos sabía que ellos podrían contar con una madre fuerte, alguien de quién sentirse orgullosos y a la cual tomar como ejemplo. Así que decidí aferrarme a la vida, a una nueva oportunidad y recuperé mi voluntad... A mis hijos los educaría a distancia, pero había alguien a quien ahora debía reeducar, era urgente hacerlo y, esa persona, era yo.

Por supuesto que me encantaría decir que desde ese instante todo fue cuesta arriba, pero no; reconstruirme no solo fue cuestión de tiempo, porque todo mundo piensa que el tiempo lo cura todo, ¿o no? En mi caso tuve que hacer mucho más que ver avanzar las manecillas del reloj. La navaja no cortó mi piel, pero sí me cortó lastres emocionales muy duros de roer, me forzó a cambiar mi mentalidad y me llevó a entender que, una mujer llena de todo jamás será suficiente para un hombre lleno de carencias.

Entonces me forcé a ver la vida de otra manera, mi realidad seguía siendo la misma, solo que ahora sí había esperanza de un cambio. Lo más importante fue entender que, de alguna forma u otra, yo tenía un problema serio y que necesitaba ayuda, porque el primer gran paso para querer que algo cambie es realmente aceptar que, a veces, una sola no puede con todo.

En mi libro, *El día que decidí ser libre*, narro con cierto nivel de detalle muchos episodios del viacrucis que viví durante mi matrimonio y la prisión, y no me refiero únicamente a la "prisión" que viví a su lado, que literalmente viví en un cereso conocido como el Pueblito de la Mesa donde viví con él por decisión propia, cuando fue acusado y encarcelado por fraude... pero esa es otra historia.

Además, cuento cómo mi crianza, sumada al entorno en el que me desarrollé, me hizo creer que debía aguantar aquello que me sucedía, claro, por "amor".

Durante muchos años me enfadé conmigo al reflexionar y recordar todo lo que soporté, me veía como una niña tonta, ilusa. Sin embargo, hoy siento una profunda compasión por esa versión de mí; yo era tan vulnerable e involucionada que no tenía la madurez, la sabiduría, ni los recursos necesarios para hacer algo diferente.

Asimismo, siento una enorme empatía por millones de mujeres que hoy están viviendo una situación como la que yo viví. Muchas creen entenderlo, pero nadie sabe a ciencia cierta lo que representa vivir un tormentoso matrimonio a ojos cerrados y bocas calladas. La emoción con la vibración más baja que podemos experimentar los seres humanos es la vergüenza y eso es justamente lo que se siente estar en una relación así. Hace falta mucha valentía y amor propio para salir de ahí.

En muchas ocasiones, era tal mi confusión de lo que pasaba con mi pareja, que entendía poco de lo que estaba viviendo, años más tarde lo comprendí, lo procesé y empecé a sanarlo. Pude ponerle nombre y apellido al tipo relación que yo tenía, decidí llamarla: Relación de Riesgo, o bien "RdR".

Eso era exactamente lo que atravesé.

En una Relación de Riesgo (RdR) existen dos jugadores: el Rol Vulnerable "RV" y el Rol Amenazante "RA" y, además, existe el abuso y la codependencia; los dos ingredientes de un coctel destructivo del cual es muy difícil desintoxicarse.

El Rol Vulnerable cede su poder y se somete a los deseos del Rol Amenazante con tal de sostener la relación. Por su parte, el Rol Amenazante se embriaga del poder que le ha sido concedido y lo ejerce a través del control y del castigo para mermar la autoestima del Rol Vulnerable.

Si tú crees que estás en una Relación de Riesgo (RdR) y que estás siendo el Rol Vulnerable (RV) de esa torcida lucha de poderes, te aseguro que has puesto en tus manos el libro correcto, por ello te digo desde ahora que sí existe una salida: ¡No pierdas la esperanza!

Escapar sin resaca de rencores y heridas que dejan marca por mucho tiempo, es toda una hazaña, especialmente si no tienes los recursos o las herramientas psicoterapéuticas para hacerles frente.

Ser la persona sumisa, codependiente, dejada o tener el Rol Vulnerable (RV) de la relación son conceptos que se deben erradicar de las creencias más arraigadas de nuestra cultura.

Hoy te invito a dejar de normalizar estas posturas, a pedir ayuda y trabajar en ti. ¡Te aseguro que no estás sola!

Cuando me casé tenía apenas veinte años. Mi matrimonio duró hasta que mi alma no pudo más y, desde hace casi dos décadas, soy sobreviviente de esa relación. Durante todo este tiempo me he dedicado a estudiar y a prepararme, sigo estudiando para entender las relaciones humanas, así como otros factores indispensables para mi propio proceso de reconstrucción y sanación. El aprendizaje me apasionó tanto que se convirtió en una misión de vida. Hoy vivo con la firme intención de ayudar a otras mujeres a salir de sus prisiones físicas, emocionales y a abandonar sus Relaciones de Riesgo.

Yo sé que suena más complejo de lo que parece, pero una vez que empieces a reconocer tu potencial y el valor que posees, será más fácil desprenderte de todo lo que te mantiene atada a una pareja destructiva. Con o sin anillos de boda, una Relación de Riesgo (RdR) es lo que comúnmente se entiende por tener una "pareja tóxica"; aquella en la que "ceder" se convierte en mandato casi divino, pero a expensas de la destrucción de la estima personal o del amor propio. ¡Aprendamos a reconocer las señales!

En todo este gran y maravilloso proceso de aprendizaje he descubierto que la definición de una "relación tóxica" tiene muchos matices y formas de entenderse. No hay de un solo tipo, hay cientos de ellas, y cada uno de sus disfraces depende, en gran medida, de varios factores; principalmente de las heridas no sanadas de sus protagonistas. Para una pareja, una actitud tóxica puede ser representada por un grito o una ofensa verbal; mientras que, para otra, tendría que haber violencia física o un golpe de por medio para considerarse como un comportamiento tóxico.

Por esta razón creo que la forma más asertiva de definir una relación es por su nivel de riesgo. Así es que, para mí, no estamos hablando de algo "tóxico", no nos estamos exponiendo a sustancias químicas, venenos o radioactividad, sino al nivel de peligro que corremos al mantenernos al lado de una persona con características violentas que puedan conducirnos incluso hasta la muerte. Lo peor de todo es que, en muchos casos, ni siquiera somos conscientes de ello debido a la aceptación de ciertas conductas pasivo/agresivas, misóginas, narcisistas, incluso psicopáticas que se viven como el pan nuestro de cada día.

Ahora bien, el riesgo y el peligro no se pueden medir en una sola dimensión. Debemos reconocer, asertivamente, sus múltiples caras, sus múltiples formas y disfraces.

Dentro de una Relación de Riesgo (RdR) vivimos tanta presión social y confusión, que nos cuesta trabajo ver nítidamente los comportamientos, acciones y transgresiones de la pareja en cuestión. Incluso, llegamos a creer que, o nos merecemos ciertos tratos o somos culpables por recibirlos. Por ello es muy importante determinar y categorizar claramente el hecho que nos aqueja, sobre todo, el impacto o las huellas imborrables que las acciones destructivas dejan en nuestro ser.

Tener una pareja que disfruta minimizar tu esencia, quema cual punta de cautín y deja una herida indeleble, al menos hasta que encuentras las herramientas necesarias para sanar y resignificar tu vida.

En el largo sendero del autodescubrimiento y, especialmente, a partir de terminar mi Relación de Riesgo y separarme de mis hijos, ha surgido una y otra vez la misma pregunta: ¿Quién es Loretta Valle?

Ya estaba más que claro que no era solo la esposa o madre de alguien, pero ¿quién o qué debía ser? Durante esa travesía de aprendizaje y reconstrucción he sido muchas Lorettas. Tal y como muchas admirables guerreras que día a día luchan por llevar el pan a la mesa de su hogar, fui cocinera y vendí galletas en las calles; también llegué a ofrecer productos por catálogo, trabajé en un centro de fotodepilación; hice de todo con tal de ganarme un peso bajo el estigma de haber sido una señora de "alta sociedad". Lo digo con orgullo porque, tras largos años de esfuerzo, he cumplido un gran sueño que por mucho parecía inimaginable: ser productora y conductora de mi propio programa de televisión; un rol que estuvo vigente durante una etapa de mi vida, pero que me dejó una gran satisfacción personal y profesional.

Además, hoy soy escritora y speaker internacional. He impartido conferencias frente a más de 14 mil personas (nada mal para alguien que tenía terror de platicar lo que pasaba con su marido, ¿cierto?). Además, soy hipnoterapeuta y coach transformacional. Actualmente estoy estudiando la licenciatura en Psicología y una maestría en Hipnosis Clínica, Neurociencias y Bienestar. Creé el movimiento de liberación femenina llamado Círculo de Libertad. Contamos con 40 presidentas desde Canadá hasta Argentina y la meta es ir por mucho más.

Me siento muy bendecida por ayudar a miles de mujeres, juntas hemos logrado que abandonen una Relación de Riesgo (RdR), y por ello es que nació mi metodología: RdR, así como la escala para medir el nivel de violencia que existe dentro de una relación de pareja, herramienta que llamo: El Semáforo del Riesgo.

A través de este método he podido colaborar positivamente con la enorme comunidad de mujeres que sufre por violencia de género. Gracias a ello, muchas han logrado identificar, contener y liberarse del riesgo en el que se encuentran al vivir con una pareja que no les hace bien, que las destruye y consume poco a poco o súbitamente. Mujeres que no tenían las herramientas para defenderse y que ahora pueden vivir seguras, de manera genuina, en libertad, plenitud y en paz.

Basada en mi experiencia personal y en mi formación profesional en comportamiento humano, te comparto en este libro toda la información que necesitas para que lo conviertas en tu manual personal de empoderamiento y con ello logres escapar de esa Relación de Riesgo (RdR), relación que te mantiene cautiva y en vergüenza y que no te deja desplegar tu verdadero potencial para ser plenamente feliz y alcanzar la paz, que es uno de los estados emocionales con la vibración más alta que existe (después de la iluminación); ese es el verdadero objetivo, estar en paz, vivir en paz, sentirte en paz.

Una vez que hayas entendido y aplicado el método, con todo el conocimiento que ahora posees en tus manos obtendrás las armas precisas para destruir cada uno de tus barrotes mentales y emocionales que te mantienen al lado de tu agresor.

Hoy, por fin, podrás reclamar la llave de tu libertad.

Con amor, Loretta

1.

Psicópata y narcisista: ¿Qué es?

"Ciertos maniáticos homicidas son personas de mente tranquila y aparentemente inofensiva... hasta deliciosa... a veces".

Agatha Christie

El cielo de aquella noche, oscuro, profundo y bordado con miles de estrellas titilantes, parecía arroparnos. La velada había sido perfecta: cena romántica para dos, menú exquisito y un lugar privilegiado. Comer mientras sentía la arena en mis pies y la suave caricia de las olas que vienen a la orilla para convertirse en espuma, era un privilegio. Me sentía feliz, completa, llena, amada, consentida y eso que experimentaba en mi interior, me hacía brillar externamente casi más que la luz plateada de la luna creciente que nos miraba desde lo alto.

Terminamos de comer y caminamos de la mano hacia el bar del hotel. César pidió una botella de tequila e improvisando un plan, nos sentamos a la orilla de la alberca para tomar a picos de la licorera de cerámica, como dos adolescentes. Dejándome llevar por la espontaneidad de aquel momento, una pregunta para mi esposo se escapó de mi boca.

—Mi amor, ¿cómo nos ves en diez años? —el silencio se adueñó del momento.

Pasados unos minutos César acercó su cara a la mía y en sus labios se dibujó una sonrisa. Sonreí de vuelta. Pero así de cerca podía sentir un sutil cambio en su aliento, un aroma etílico ahora flotaba en el pequeño espacio que quedaba entre nosotros.

—¡Viudo! Porque voy a matarte.

Sus palabras cortaron el velo de romanticismo que, hasta ahora, nos había envuelto. Él expresó con tanta frialdad su deseo de quitarme la vida que pude sentir cómo una corriente punzante empezó a recorrer todo mi cuerpo y terminó por anclarse en mi pecho dificultándome la respiración. Era el miedo. Después de más de una década de matrimonio, la cárcel, hijos, una separación y de haber probado la dulzura de la luna de miel de la reconciliación, pude verlo con claridad. La misma claridad que, quizá, me faltó muchas veces durante mi relación con él. La misma claridad que, por ejemplo, sí tuvo mi padre apenas lo conoció y me recomendó alejarme de él.

Ahora podía ver. El miedo no solo me paralizó, sino que llegó de golpe, estruendoso, para dejar caer la venda de mis ojos. Tuve un momento de epifanía y aunque me tardé toda una vida para comprenderlo, empecé a descifrar que César era un ser muy malo, al que años más tarde pude ponerle nombre: psicópata.

Todo psicópata es narcisista, pero no todo narcisista es psicópata. Yo me había llevado el premio gordo, porque César era ambas cosas. El psicópata integrado, el real, existe y vive entre nosotros y es mucho más que un simple adjetivo. La psicopatía tampoco es sinónimo de "asesino en serie" como lo muestran cientos de documentales, películas y series. Pero el hecho de que no vayan a delinquir o asesinar, no los absuelve de la necesidad de aprovecharse de las debilidades de otros y depredarlos. De hecho, es complejo identificarlos porque están absolutamente integrados a la sociedad (de ahí el nombre que se les asigna). Este es un factor que les conviene para camuflarse estando dentro de un entorno seguro y así asechar sin ser descubiertos. Es probable que delimitar el concepto te ayude a identificar concretamente si estás (o no) en una relación con uno de ellos, pero este tipo de persona es tan habilidosa que detectarla a tiempo parece una práctica casi imposible.

Los psicópatas son personas seductoras, encantadoras, carismáticas y... manipuladoras, pero, sobre todo, muy inteligentes. Carecen de culpa, empatía y miedo. Es por ello que suelen ocupar grandes cargos dentro de la política, o posiciones importantes dentro de empresas y se manejan bien como líderes. Tienen los medios para llegar a la cumbre de la pirámide porque tienen el talento y, además, están hambrientos de notoriedad, fama, reconocimiento y poco les importa lo que tengan que hacer para lograr escalar. Diría Maquiavelo que "el fin justifica los medios" y este es una especie de mantra inconsciente para este tipo de personas.

Iñaki Piñuel, psicólogo español especializado en relaciones de abuso, cree que un ser humano promedio, podría llegar a tener contacto con, al menos, 60 psicópatas a lo largo de su vida.

EL DILEMA DEL HUEVO Y LA GALLINA: ¿EL PSICÓPATA NACE O SE HACE?

Robert D. Hare es un psicólogo e investigador que hizo carrera dentro del área de la psicología criminal y centró sus estudios en psicopatología. Gracias a sus conocimientos pudo desarrollar un sistema conocido como la "lista de verificación en psicopatías" que se emplea para diagnosticar el trastorno y predecir comportamientos violentos antes de que sucedan. Hare estima que el 1 % de la población mundial podría considerarse dentro de la clasificación de depredadores de su propia especie.

Actualmente las tendencias avaladas por estudios científicos se inclinan hacia el reconocimiento de un factor genético. Sin embargo, el entorno juega un papel fundamental, sobre todo llegada la adolescencia, un punto clave del desarrollo humano en donde los sistemas de valores y la conciencia moral debieron florecer correctamente. Lo mismo sucede cuando estas personas se encuentran en posiciones de poder, ya que el uso de este recurso puede conducirlo a depredar a otros.

La psicopatía no es una enfermedad, sino un trastorno de personalidad. Por ello no hay cura. Está claro que, al relacionarnos con ellos de forma afectiva y amorosa, el daño causado será mucho más profundo y devastador. Pero, el hecho de no tener relaciones de pareja con un psicópata, no nos mantiene a salvo. Y es que ellos pueden estar en cualquier faceta de nuestras vidas sociales: en el trabajo, en los estudios, en las amistades y en la familia.

César supo ser un verdadero camaleón para lograr seducirme y, después de lograrlo, pudo concretar los objetivos personales que solo veía posibles a través de mí (por más insignificantes o grandes que estas metas puedan ser). Él olfateó mi huella, descifró mi trauma, descubrió mis miedos, metió su dedo en mis debilidades y carencias y se modeló a sí mismo como la arcilla. Se hizo maleable para adaptarse a mis necesidades y anhelos mientras yo, me sentí amada y premiada con el hombre de mis sueños.

¡SE BUSCA!
RECONOCIENDO AL PSICÓPATA INTEGRADO

Si bien es cierto que depende de cada persona, algunos de los rasgos más destacados del psicópata integrado son los siguientes:

1. **Es un encantador de serpientes:** suelen ser personas que caen bastante bien en los primeros contactos. Es por ello que no vas a detectar su trastorno de personalidad, si no le conoces a profundidad.
2. **Mentes brillantes:** son personas muy inteligentes, pero este recurso intelectual está completamente orientado a la manipulación.
3. **Carencias:** carecen de empatía, arrepentimiento y miedo.
4. **Maestros manipuladores:** si su historia de vida tuviera que describir una especialidad, diría que tienen una maestría en el arte de utilizar a las personas y maniobrar los hilos de sus mentes.
5. **Falsedad:** nunca sabrás lo que realmente están pensando, ideando o planificando. Son camaleones que se camuflan y adaptan a todo.
6. **Conducta antisocial:** a la larga, tiene pocos amigos, ya que su conducta antisocial termina por reventar todas las relaciones. Eso sí, tienen infinidad de supuestos amigos o conocidos.
7. **Búsqueda de un tercero:** suelen buscar a alguien para atemorizar a sus víctimas, en caso de que estas no se dejen manipular. Buscan la forma a través de un "puente" representado por alguien más.
8. **Egocentristas patológicos:** el mundo gira alrededor de ellos. Sus fiestas, sus momentos, sus ideas, sus decisiones, todo lo que respecta a ellos siempre es lo más importante.

9. **Papel de víctima:** son sufridos. Las víctimas de su propia suerte y los menos privilegiados del destino. Esta es la historia que siempre relatarán.
10. **Falsos suicidas:** suelen amenazar con quitarse la vida para llenar a sus víctimas de culpa.

Las personas con este tipo de trastorno de la personalidad tienen como objetivo manipular y devastar todo lo que les rodea: pareja, amigos, familiares. Harán lo que sea para quebrar su voluntad y fomentar una dependencia patológica, basada en la idea de que son indispensables para la otra persona.

LAS DIFERENCIAS ENTRE UN PSICÓPATA Y UN NARCISISTA

Un TPN (trastorno de la personalidad narcisista) o una psicopatía viene como consecuencia de un diagnóstico clínico avalado por un especialista (psiquiatra). Sin embargo, parece que términos como "narcisista" y "psicópata" se han puesto de moda y se han vuelto parte de la jerga coloquial, como adjetivos calificativos que se consignan a cualquiera con total ligereza. Como si fuéramos Freud.

Lo que sí podemos identificar desde nuestra trinchera son los rasgos que hacen que podamos sospechar que una persona es un psicópata integrado o un narcisista.

Ya hemos hablado sobre el psicópata integrado, es hora de hablar del narcisista. Los narcisistas vienen en espectro y además hay tipologías, siendo las más importantes: el narcisista maligno, el narcisista grandioso, el narcisista comunitario y el narcisista encubierto.

NARCISISTA MALIGNO: "EN ESTE JUEGO, YO SOY EL DIRECTOR Y EL DESTINO ESTÁ BAJO MI MANDO"

Este tipo de narcisista se caracteriza por su sadismo, crueldad y gozo al infligir a los demás. Son manipuladores maestros y pueden involucrarse en conductas destructivas sin mostrar remordimientos. El narcisista maligno busca control total y puede utilizar tácticas sádicas para mantenerlo. Esta clasificación dentro del tipo de trastorno de la personalidad es el que más se parece a la psicopatía. La psicoterapia suele estar contraindicada en estos casos, porque lo que hará será darle más herramientas de manipulación.

Francis "Frank" Underwood, el personaje de *House of Cards*, interpretado por Kevin Spacey, puede ser considerado como un ejemplo de una personalidad con rasgos de narcisismo maligno. Aunque es importante recordar que Underwood es un personaje ficticio, su comportamiento en la serie ilustra características asociadas con el narcisismo maligno. Frank Underwood es un político astuto y maquiavélico que utiliza la manipulación, el engaño y la crueldad para alcanzar sus objetivos. A lo largo de la serie, demuestra una falta de empatía significativa y está dispuesto a destruir vidas y carreras para consolidar su poder.

NARCISISTA GRANDIOSO: "YO LE ENSEÑÉ A DIOS LO QUE SABE"

El narcisista grandioso es quizás el estereotipo más conocido. Se perciben a sí mismos como superiores, poderosos y especiales. Buscan constantemente la admiración y la validación de los demás. Su autoestima depende en gran medida de la aprobación externa, y pueden despreciar a aquellos que no cumplen con sus expectativas elevadas. Es por ello que les gusta ser el centro de atención y siempre dejan claro que se creen superiores. No son capaces de reconocer sus sentimientos, por ello depredan a través de los sentimientos de las personas de su entorno.

Un buen ejemplo de un narcisista grandioso es Donald Trump. Él quiere ganar a toda costa, cree que siempre tiene la razón y busca la aprobación de los demás a través de la esposa trofeo, la cantidad de dinero, el acceso al poder. Manipula, humilla, invalida y etiqueta a las personas. Para Donald Trump, literalmente, él sí le enseño a Dios todo lo que sabe.

NARCISISTA OCULTO O ENCUBIERTO: "EL MUNDO ES INJUSTO Y ESTÁ EN MI CONTRA"

A diferencia del narcisista grandioso, el narcisista encubierto exhibe una fachada de modestia y humildad. Incluso pueden llegar a parecer personas tímidas; sin embargo, mantienen una sensación de superioridad y pueden experimentar enojo o amargura si no reciben la atención o reconocimiento que creen merecer. De hecho, no suelen manejar bien las críticas, ya que las toman como un ataque directo y personal. Suelen ser más pasivos–agresivos en su manipulación.

Un buen ejemplo de narcisista oculto es Claire Underwood, esposa de Frank Underwood, de quién ya te platiqué, personajes de la serie *House Of Cards*. Al principio, Claire navegó con bandera de víctima y con bajo perfil, pero se destapó en las últimas temporadas de la serie como una persona maquiavélica capaz de lo que fuera por conseguir sus objetivos de poder.

NARCISISTA COMUNITARIO: "ESTÁS CONMIGO O ESTÁS EN MI CONTRA"

Este tipo de narcisista se proyecta como una figura altruista y comprometida con la comunidad. Buscan la admiración al presentarse como líderes benevolentes, pero su motivación subyacente es la obtención de reconocimiento y poder. Pueden utilizar sus aparentes buenas acciones como una forma de controlar y manipular a los demás.

La realidad es que odian a quienes dicen amar o querer ayudar y lo único que realmente buscan es reconocimiento, fama y poder. Es el clásico personaje que sale a ayudar en una situación de crisis, pero primero se toma una selfie, con filtro, y la sube a sus redes sociales. Su droga son los comentarios de validación de los demás.

Un ejemplo claro es Keith Raniere, el líder de NXIVM, una organización de desarrollo personal que fue descubierta como una secta en la que utilizaba a las mujeres para tener sexo con él, a cambio de pertenencia y escalar dentro de la organización. Raniere fue condenado a 120 años de prisión por pornografía infantil y por utilizar a mujeres de su organización como esclavas sexuales.

LA FICHA TÉCNICA DEL NARCISISTA (EN LÍNEAS GENERALES)

Reconocer a un narcisista a tiempo también puede ser un desafío, ya que a menudo pueden ser carismáticos y encantadores al principio. Sin embargo, con el tiempo, algunas señales y patrones de comportamiento pueden indicar la presencia de rasgos narcisistas. Aquí hay algunas señales que podrían ayudarte a reconocerlos:

1. **Gran sentido de importancia personal:** los narcisistas a menudo tienen una autoestima aparentemente inflada y creen que son especiales y superiores a los demás.
2. **Necesidad constante de admiración:** buscan en todo momento ser admirados y tener la validación de los demás. Son muy sensibles a la crítica.
3. **Falta de empatía:** les resulta difícil ponerse en el lugar de los demás y mostrar verdadera empatía. Tienden a enfocarse en sí mismos y en sus propias necesidades.
4. **Explotación de otros:** los narcisistas utilizan a las personas para satisfacer sus propias necesidades y deseos, sin preocuparse por cómo afectan a los demás.
5. **Envidia y creencias de superioridad:** envidian a los demás o creen que los demás los envidian. También menosprecian y desprecian a quienes consideran inferiores.
6. **Falta de límites personales:** invaden los límites de los demás, esperando trato y privilegios especiales.
7. **Manipulación y mentiras:** los narcisistas recurren a la manipulación emocional y mienten o distorsionan la verdad para lograr sus objetivos.
8. **Cambios en la percepción de las personas:** al principio, pueden idealizar a las personas, pero luego, si se sienten desafiados o decepcionados, devalúan y menosprecian a quienes antes elogiaban.
9. **Dificultad para mantener relaciones saludables:** los narcisistas tienen relaciones interpersonales turbulentas y les es imposible mantener relaciones duraderas y saludables.

10. **Comportamiento egocéntrico:** su conversación y comportamiento están centrados en sí mismos, su éxito y su apariencia.

Es importante considerar que tener algunos rasgos narcisistas no necesariamente indican un trastorno de la personalidad narcisista (TPN). El TPN implica la presencia persistente de estos patrones de comportamiento y afecta significativamente la vida de la persona y sus relaciones.

Los cuatro pilares del narcisismo son falta de empatía, la grandiosidad, el merecimiento y la validación. Son personas que no saben regular sus emociones y no saben entablar relaciones de intimidad. El objetivo de sus relaciones es el sometimiento de la víctima a través de técnicas de control y castigo.

CONTROL

César había planificado una cita doble. Iríamos a cenar a un restaurante que nos encantaba con una amiga de él que tenía mucho tiempo sin ver. Además, ella traería a su marido para presentarlo. Llegamos al sitio y un mesero nos condujo hacia la mesa que él había reservado. Juan, el esposo de su amiga, quedó sentado frente a mí. De pronto sentí como la parte derecha de mi cara comenzó a calentarse. Una energía pesada me hizo girar la cabeza. Entonces la vi: era esa cara que tanto temía. Su mirada era tan intensa que habría podido penetrar el pequeño espacio entre nosotros. En sus ojos vi como la furia silenciosa empezaba a acumularse.

Aunque sus labios permanecían sellados, los ojos de César hablaban un lenguaje propio, cargado de resentimiento y desafío.

Aquella mirada penetrante me dejó muy incómoda. "¿Qué hice mal ahora?", me pregunté en silencio. Claro, la culpa siempre era mía. Comencé a repasar mentalmente las opciones de una larga lista: fue algo que dije, un mal movimiento, tengo comida entre los dientes, fui imprudente, revelé información confidencial, no fui suficientemente cortés con sus amigos.

Un repentino "me siento mal", interrumpió el silencio que se hacía cada vez más pesado e incómodo.

—Voy a pedir la cuenta —terminó de sentenciar mi entonces esposo.

Nos levantamos de la mesa, caminamos hacia el coche y cuando cerramos las puertas, un torrente de ira se escapó del interior de César.

—¿Cómo es posible que en mi propia cara coquetees con el esposo de mi amiga?

Ahora entendía mi crimen. Me acusó de verme acariciar sus piernas con las mías por debajo de la mesa. Toda esta escena salida de una película de intriga y pasión prohibida, era producto de su imaginación. Era una excusa muy barata para ejercer sobre mí más control. Al poco tiempo comencé a ponerme muy nerviosa cada vez que salíamos a comer. Buscaba sentarme estratégicamente entre mujeres; no miraba a los meseros a los ojos, sino que solo veía la pared, no ordenaba por mi cuenta, sino que informaba a César lo que quería tomar y comer.

No solo comenzó a controlarme en las salidas. César se tomó la tarea de limitar la forma en que me vestía, la ropa interior que "una mujer decente" debía usar, lo que estaba permitido en la intimidad, los ejercicios que podía hacer, las amigas con las que me podía juntar. Había una moral general que aplicaba para él y para el resto del mundo y, por otro lado, estaba la moral específica que él usaba para juzgarme a mí.

Comenzó a controlarme con sus choferes y sus escoltas que no se me quitaban de encima. Además, me puso un bíper y era un requisito innegociable que yo siempre estuviera atenta y dispuesta para responder cuando me contactara. El margen de tiempo era de segundos. En ese entonces no sabía que era víctima del: control coercitivo.

CONTROL COERCITIVO, UN RAPTO SILENCIOSO

El control coercitivo es un patrón de comportamiento abusivo en el cual una persona ejerce un control extremadamente dominante y manipulador sobre otra, utilizando una variedad de tácticas para limitar su autonomía, independencia y libertad. Este término fue acuñado por el sociólogo Evan Stark. Este tipo de control se da principalmente en relaciones íntimas y puede ser una forma grave de abuso emocional y psicológico.

El Control Coercitivo no es un asalto repentino, sino un rapto gradual de la vida del Rol Vulnerable (RV). Esta forma de abuso roba no solo la libertad y los derechos, también la esencia misma de la persona. El Rol Vulnerable (RV) experimenta una pérdida gradual de su identidad, dejándolo desorientado, sin saber quién es ni cómo reaccionar. Las víctimas de control coercitivo viven en un estado perpetuo de temor. Como si caminaran sobre cáscaras de huevo, cada acción es examinada y cada palabra medida. El Rol Amenazante, en este caso, controla, con maestría, coarta la libertad del Rol Vulnerable (RV) y ejerce dominio sobre sus pensamientos, acciones y emociones.

En muchos lugares, el control coercitivo es considerado ilegal y es importante buscar ayuda y apoyo para escapar de esta situación y buscar medidas legales si es necesario.

Este tipo de abuso se filtra en todos los aspectos de la vida. Desde el control de la apariencia y el maquillaje hasta la imposición de restricciones financieras, el control coercitivo utiliza cualquier medio disponible.

Las tácticas de control coercitivo pueden incluir:

1. **Aislamiento físico:** el Rol Amenazante (RA) aísla al Rol Vulnerable (RV) de amigos y familiares, limitando su acceso a otras personas y redes de apoyo.
2. **Aislamiento emocional:** crea una dependencia emocional al proporcionar amor y apoyo intermitentemente, manteniendo al Rol Vulnerable (RV) emocionalmente vinculado.
3. **Monitoreo constante:** puede controlar y supervisar de cerca las actividades del Rol Vulnerable (RV), incluyendo el uso de tecnología para rastrear su ubicación y comunicaciones.
4. **Desacreditación y humillación:** el Rol Amenazante (RA) puede menospreciar, ridiculizar o avergonzar al Rol Vulnerable (RV) de manera constante, socavando su autoestima.
5. **Amenazas y coerción:** utiliza amenazas, chantajes o manipulación emocional para obtener conformidad del Rol Vulnerable (RV).
6. **Abuso financiero:** controla el acceso a los recursos financieros, lo que hace que el Rol Vulnerable (RV) sea dependiente económicamente. Y en algunos casos el abuso puede llegar a ser también físico y/o sexual.

7. **Control de la apariencia y el comportamiento:** el Rol Amenazante, dicta cómo debe vestirse el Rol Vulnerable (RV) o qué comportamientos son aceptables, limitando su expresión personal.
8. **Intimidación:** el Rol Amenazante intimida al Rol Vulnerable para causar temor y miedo, para minimizarlo y, así, devastarlo mejor.
9. **Manipulación:** utiliza técnicas de manipulación emocional y psicológica para confundir a la víctima y robar su identidad.

CASTIGO

Saliendo del restaurante después de aquella cena que César interrumpió abruptamente, vino el castigo. En primer lugar, me humilló públicamente frente al personal del valet parking, con su característico chasquido de dedos y agrediéndome verbalmente con una orden irrefutable: "Súbete rápido al coche, puta". Ya en el auto vino el aumento de la rabia y la hostilidad, lanzándome amenazas veladas como: me voy a divorciar de ti, te voy a quitar a los niños, te voy a hundir y acabarás en el lugar que es para las mujeres como tú: la calle.

Yo trataba de explicarle que estaba en un error, que yo no había hecho nada e intentaba, sin éxito, justificarme diciéndole que yo ni siquiera tenía las piernas tan largas como para llegar a tocar las del esposo de su amiga, lo que él juraba que había sucedido. Intenté acércame a él y tocarle la mano para disculparme por algo que no había hecho, me rechazó aventándome la mano y a partir de ese momento, me aplicó la ley del hielo y restringió cualquier demostración de afecto físico por varios días.

El control siempre lleva al castigo. Como "te portaste mal" entonces habrá consecuencias: El Rol Amenazante desaparece, aplica la ley del hielo, se va de parranda con sus amigos y no contesta el teléfono, limita el dinero y cada vez se va poniendo más agresivo y hostil.

EL CASTIGO: LA LECCIÓN DETRÁS DEL DESAFÍO

Este mecanismo de represalia, diseñado para mantener al Rol Vulnerable (RV) en un constante estado de temor, es una herramienta maestra de manipulación que afecta profundamente la autoestima y la libertad de quien lo padece. El castigo se convierte en una lección dolorosa, un recordatorio constante de que cualquier intento de desviarse del guion establecido tendrá consecuencias. El Rol Vulnerable se encuentra atrapado en un ciclo de hipervigilancia, donde cada palabra y movimiento son sopesados con temor a la represalia.

FORMAS INSIDIOSAS DE CASTIGO

1. **Restricciones afectivas:** el castigo puede manifestarse como una disminución deliberada del afecto, una ley del hielo que deja al Rol Vulnerable (RV) sintiéndose aislado y desprovisto de amor.
2. **Aumento de la rabia y la hostilidad:** el Rol Amenazante (RA) incrementa la intensidad de su ira, creando un am-

biente cargado de tensión y sarcasmo. Cualquier error, por mínimo que sea, se amplifica.

3. **Humillación pública:** para consolidar el poder, el castigo puede llevarse a cabo frente a testigos, utilizando la humillación como arma para mantener al Rol Vulnerable (RV) en su lugar.
4. **Reclutamiento de aliados (Flying Monkeys):** el Rol Amenazante (RA) recluta a personas cercanas como aliados, formando una coalición en su contra para intensificar la sensación de aislamiento y desamparo.
5. **Amenazas veladas:** amenazas de abandono, pérdida de bienes, hijos o incluso la relación misma, tejen un tapiz de inseguridad que rodea al Rol Vulnerable (RV), despojándolo de su sentido de pertenencia y seguridad.
6. **Privación de placeres y alegrías:** el Rol Amenazante (RA) castiga retirando actividades o elementos que traen felicidad al Rol Vulnerable (RV), dejándolo desprovisto de aquello que lo hace sentir bien.
7. **"Te lo dije":** la frase condescendiente "te lo dije" se convierte en un látigo verbal que golpea la autoestima del Rol Vulnerable (RV), recordándole constantemente su supuesta ineptitud.

CICLO DE ABUSO NARCISISTA

Era joven. Muy joven. También ingenua e inexperta y disfrutaba de la novedad de mi primera experiencia laboral dentro de las oficinas de una casa de cambio. Ser la "chica nueva" de la oficina me trajo una cantidad de atención que no anticipé. Y, claro, dentro de este cúmulo de miradas puestas sobre mí, había un porcentaje importante de curiosidad masculina. Todos tenían algo qué decirme, que contarme y recomendarme y, por supuesto, las invitaciones a salir eran de lo más común. Todos, menos "uno de los jefes". Un tipo poco agraciado y tan común, que no capturó mi interés por su apariencia, sino por su indiferencia. "¿Qué le pasará a este que ni voltea para saludarme?", inicié mi diálogo interno. Una tarde en la que conversaba con mi mamá sobre los acontecimientos de mi nueva vida como profesional, recuerdo haberle comentado que "este jefe" era "tan feo como pegarle a Dios en Viernes Santo".

Al poco tiempo todo tipo de regalos, rosas y golosinas comenzaron a aparecer misteriosamente sobre mi escritorio. Chocolates, paletas, caramelos de tamarindo, rosas rojas, blancas, dalias y magnolias. No les di importancia, imaginé que, lógicamente, eran detalles de alguno de estos dos o tres compañeros que mantuvieron la insistencia a pesar de mi desinterés. Quería ser profesional y estar a la altura.

Una mañana "el jefe menos agraciado" se acercó con cara seria. De inmediato me puse nerviosa y pensé "¿En qué la habré regado?". Sin embargo, sus palabras hicieron que la tensión de mi cuerpo desapareciera. No venía a regañarme, sino a invitarme a almorzar.

–¿Te gustaría almorzar conmigo? –preguntó con una sonrisa torcida. En ese momento, su rostro poco armonioso y su estilo de vestir anticuado pasaron a segundo plano, dejándome intrigada con su propuesta después de la singularidad de su indiferencia. Revisé mi agenda y vi que no tenía nada pautado para mi lunch break. Entonces acepté. Para estas alturas, el jefe ya empezaba a llamar mi atención. Lo veía como una especie de reto.

Las personas tienden a sentirse atraídas por aquellos que presentan un cierto grado de inaccesibilidad emocional. La indiferencia, en este contexto, actúa como una forma de desafío psicológico, generando un interés más profundo y un deseo de conquista. La explicación radica en la necesidad humana de buscar seguridad emocional y la percepción de que obtener el afecto de alguien indiferente implica una victoria personal. La mente humana, de manera intrincada, parece verse atraída por el desafío de ganar la atención y el afecto de aquellos que aparentemente no están interesados.

En el transcurso de las semanas, noté que mis pensamientos se volvían cada vez más centrados en "el jefe". No podía evitar preguntarme qué estaba pensando, por qué me habría invitado a aquella comida, por qué era tan indiferente y, lo más sorprendente, por qué su indiferencia me atraía de alguna manera.

Nuestras conversaciones se hicieron más frecuentes y más profundas. Poco a poco aprendí de su historia.

—Solía vivir en una unidad habitacional en Santa Fe —me dijo, su voz resonaba con una melancolía que no esperaba—. Mi padre trabajaba como empleado en una mueblería en el centro. No éramos ricos, pero nunca nos faltó nada esencial.

Cada palabra que pronunciaba era como un pequeño destello que iluminaba su pasado. Descubrí que, detrás de su apariencia ruda y su indiferencia aparente, se escondía un hombre con una historia única y experiencias que moldearon su forma de ser. La historia de César, como ahora prefería que lo llamara, comenzó a tejerse en mi mente. Su habilidad para conquistarme, no a través de su apariencia física, sino con su labia extraordinaria y grandes gestos de atención, se volvía cada vez más evidente. La indiferencia que mostraba al principio se desvanecía, dando paso a un hombre que anhelaba la conexión y el afecto de una manera única. Yo pensaba que estaba flotando sobre las nubes, pero la verdad es que más bien estaba entrando directo y sin escalas a la primera fase del ciclo de abuso narcisista llamado "bombardeo amoroso" (*love bombing*) o "luna de miel".

El ciclo de abuso narcisista es un patrón de manipulación calculado que utilizan los narcisistas para confundir y controlar al Rol Vulnerable (RV) haciéndolo cuestionar su realidad. Consta de 4 fases: *love bombing* o etapa de idealización, devaluación, descarte y *hoovering*. Cada fase se va abrazando con la otra para atrapar a la víctima sin que esta se dé cuenta y para que le resulte sumamente difícil dejar la relación.

FASE DEL BOMBARDEO AMOROSO (*LOVE BOMBING*): EL VÓRTICE DEL HURACÁN

Imagina que estás en una nueva relación y estás flotando. Tu pareja te rodea con atención, halagos y gestos románticos. Es como si estuvieras paseando sobre una nube hecha de amor y admiración. Esta fase inicial es como un huracán de afecto que te envuelve. Puedes recibir mensajes de texto que te van a hacer suspirar, te llenarán de sorpresas y sentirás que tú estás en el centro del universo de tu pareja. Aquí es donde se vuelve transcendental entender lo que está realmente sucediendo, porque todo parece perfecto y demasiado bueno para ser verdad. Pero ¡Alerta! ES DEMASIADO BUENO PARA SER VERDAD.

El *love bombing* es una táctica manipuladora utilizada por personas con comportamientos narcisistas. Es su manera de cautivarte, de ganar tu confianza y hacerte sentir especial. Sin embargo, es importante recordar que esta fase inicial no es un reflejo genuino del amor saludable. Es más bien una estrategia para establecer un control emocional.

¿Por qué es tan peligroso si me siento tan bien? Porque después de esta fase, el viento cambia. El amor y la atención excesivos disminuyen, y es posible que empieces a notar comportamientos controladores, críticas y manipulaciones emocionales. Te encuentras atrapada en un ciclo en el que la generosidad inicial se convierte en un control sutil. Por ello es determinante aprender a desaprender. Empezar por desmontar la idea de los cuentos de hadas y el príncipe azul es buen punto de partida. El amor no debería sentirse abrumador al principio. Las relaciones saludables se construyen con el tiempo, con respeto mutuo y con el espacio para crecer individualmente.

César dejó de ser mi jefe, porque nos volvimos novios. Y también porque se fue a vivir a Tijuana siguiendo una nueva y buena oferta laboral. Yo tenía 19 años y él 27. Así que mi historia de hadas y de amor comenzó a través del teléfono. Una condición que le facilitaría la conquista al narcisista (recordemos que todo psicópata es narcisista y César es un psicópata) porque desde lejos mentir le era más fácil. Mientras tanto, a través de esas llamadas se mostraba como un hombre familiar, que le gustaba estar en casa, que no consumía alcohol y tampoco era amante de las fiestas. Me vendió su historia de superación: el hijo no deseado de un matrimonio roto y con limitados recursos económicos, que había escapado del abuso para convertirse en un hombre destacado en el ámbito laboral por su capacidad intelectual.

Pero mi papá notó que alguna pieza de mi príncipe no encajaba y se propuso hacer lo posible por impedir la relación. Contrató a un investigador privado quien le hizo saber que mi novio era un hombre en proceso de divorcio. Pero yo estaba tan metida en el vórtice del huracán de afecto que, nada ni nadie, bajaría a mi príncipe azul de su corcel. Me enojé con mi papá por entrometido y creí ciegamente en los cientos de explicaciones que César tenía para todo.

En un segundo intento por interrumpir mi relación, mi papá me mandó a vivir a Tampico, a casa de un tío que recién había enviudado, para que "se me pasara el capricho". Y apelando a mi instinto de mujer "rescatadora" acepté, así como también intenté rescatar al "pobre e inocente de César". Un buen día, estando en Tampico, recibí un hermoso y enorme arreglo de rosas. Acto seguido, recibí una llamada de César en la que me dijo que quería que fuera su esposa. Me propuso matrimonio con un gran sentido de urgencia. No quería dejarme escapar. Yo acepté al instante con un rotundo SÍ y profunda emoción.

Fue entonces cuando mi mamá decidió hablar con mi papá:

—O aflojas o la perdemos para siempre.

Hubo boda y después del festejo nos mudamos a vivir a Tijuana. Era curioso que ahora que se suponía que empezaba nuestra luna de miel, él ya estaba fraguando la entrada a la siguiente fase del ciclo del abuso narcisista: la fase de la devaluación.

FASE DE LA DEVALUACIÓN: CONOCIENDO A UNA PERSONA QUE NO CONOCES

La fase de la devaluación es el giro inesperado en la trama. Ese que hace que todo el que mira la película, termine con la piel de gallina, incluso confundido. La relación pasó de ser un cuento de hadas, a convertirse en thriller en cuestión de segundos. Cuando llegué a vivir a Tijuana con mi nuevo esposo, sentí que "el César" que había conocido tenía un hermano gemelo secreto con una versión temible, mala, amarga, violenta y, sobre todo, muy distinta a la de aquel hombre que conocí en el trabajo. Dónde estaba "el jefe", el príncipe azul y quién era este tipo que sí, se veía azul, pero por las luces estroboscópicas de la discoteca.

El César de Tijuana se emborrachaba, salía con los amigos y llegaba a casa temprano... pero por la mañana del día siguiente. Era conocido por Ovidio, el cadenero del Daddy'O, un club nocturno que frecuentaba y del que era tan asiduo que hasta había sido elegido juez de un concurso de camisetas mojadas apenas 15 días antes de mi llegada.

Estaba conociendo a un hombre diferente. ¿En dónde estaba mi novio? Ese que odiaba el alcohol y la fiesta porque me había confesado entre lágrimas que su primera esposa era alcohólica y mientras él trabajaba, ella metía hombres a la casa, no quería ser madre y no cumplía con sus "responsabilidades del hogar". Ese que me había elegido por ser todo lo contrario a ella. Por ser hogareña, la perfecta ama de casa, la consentidora, la futura madre de sus hijos. En dónde estaba escondiéndose esa fantasía en la que me veía corriendo con un vestido blanco sobre la arena húmeda de una playa, con los colores cálidos y fríos del atardecer mezclándose en el cielo. Con dos niños risueños que corrían a mi paso y en la orilla, y esperándonos, César. Entonces nos abrazábamos con la inmensa felicidad de tenernos, de ser familia. La familia perfecta. Ahora sé justo donde estaba escondida esa fantasía: en mi mente. El lugar en donde siempre vivió.

Durante la devaluación, tu pareja puede empezar a cambiar su actitud hacia ti. Lo que antes era amor y elogios, ahora se ve ensombrecido por críticas, desprecio y desinterés. Puedes sentir que estás caminando en una cuerda floja, tratando constantemente de cumplir con las expectativas cambiantes de esta "nueva persona". Es fundamental comprender que la devaluación no es tu culpa. No has hecho nada malo. Esto es parte del patrón manipulador del narcisista para mantener el control.

Este cambio brusco en el comportamiento puede ser devastador y confuso. Muchas personas se cuestionan: "¿Qué hice mal? ¿Cómo pasamos tan rápido de la felicidad al desprecio?" Es importante recordar que este cambio no se debe a una falla propia, sino a una estrategia.

OTRO GIRO INESPERADO

Mi historia dentro del ciclo de abuso tomó un camino inesperado. Una variación. Y es que la sucursal de Tijuana de la que César era director fue desfalcada por casi dos millones de dólares. El dueño de la casa de cambio había planificado un fraude con el que recolectarían más de veinte millones de dólares. Se tomaría su tiempo, contrataría personal que no tuviera los medios para defenderse legalmente y que una vez que tuviera el dinero en su poder, haría un truco de magia y desaparecería como Copperfield. Una mañana César llegó a la oficina y firmó unos cheques. Ese pequeño pedazo de papel sería su sentencia. Nuestra sentencia. Mi esposo fue detenido y acusado de fraude; como no tenía los medios para salir de la cárcel, su estrategia fue regresar a la fase de *love bombing*.

Mágicamente se volvió a convertir en el príncipe azul que tanto extrañaba, en el hombre perfecto y con ello consiguió el dinero de mis padres y que olvidara toda esa devaluación que me empezaba a mostrar su verdadera personalidad.

En mi primer libro cuento la primera vez que mi papá y yo visitamos a César en la cárcel. Entonces, mientras conducíamos para regresar al hotel en donde nos hospedábamos en Tijuana, mi papá me dijo:

—Nena. Hoy, al ver a César aferrado a las rejas, implorándome ayuda con lágrimas en los ojos, decidí adoptarlo. Antes, todo lo hice por ti, pero a partir de hoy lo haré por los dos. Te prometo que César saldrá libre, no sé qué tenga que hacer para lograrlo, pero ten confianza en que encontraré los medios.

¡Bingo! Estábamos todos de vuelta a la fase del *love bombing* y, esta vez, mis padres también entraron en el vórtice del huracán. En ese entonces y en esa prisión había un programa en el que a los familiares se les permitía vivir ahí dentro con el reo. ¿Te acuerdas que soy rescatadora, pues qué crees que hice? César me amenazó con matarse, drogarse o fugarse si no me iba a vivir con él. Así que, con una botella de buen whisky y un sobre lleno de dinero bastó para que el director del reclusorio me permitiera vivir en la cárcel con mi príncipe que ante mis ojos volvía a ver azul. Una reja de metal oxidado se abrió y su chirrido quedó grabado por siempre en mis recuerdos. Corrí hacia donde estaba César y nos abrazamos y besamos con tal pasión que olvidé mis miedos y la cárcel se difuminó para convertirse en un castillo para que la princesa y su príncipe pudieran vivir felices para siempre. O bueno, al menos hasta que el príncipe pudiera disfrutar de su libertad.

FASE DEL DESCARTE: CUANDO SE VA EL INTERÉS

La fase de devaluación volvió y esta vez para quedarse. Se quedó con nosotros los 16 años de matrimonio. César perdió todo tipo de interés en mí y fue entonces cuando me descartó emocionalmente. Esta etapa es donde el narcisista puede decidir terminar la relación de manera abrupta o, de manera más insidiosa, dejarte de lado emocionalmente. Esta fase se siente como si el suelo desapareciera bajo tus pies y comienzas a hundirte, ya que la persona que actuaba dándote amor ahora parece indiferente o incluso cruel. El descarte puede ser devastador emocionalmente. La triste realidad es que, para el narcisista, las relaciones son utilitarias y carecen de empatía genuina.

La energía de mi esposo estaba en el alcohol, en sus amigos, sus negocios, el dinero y las mujeres. César me fue infiel muchas veces, pero Soraya fue la mujer que lo conquistó y por quien decidió descartarme. Entonces él abandonó físicamente nuestra relación. Yo quedé devastada y, lo peor de todo, sentía que era mi culpa. Era mi culpa porque había perdido todo lo que él amó de mi: mi cuerpo, mi confianza, mi libido, mi talento para cocinar. Pero la verdad es que él se había encargado de desaparecer la mujer que yo era.

Entonces César se fue de la casa y ese punto de quiebre me hizo reaccionar. Yo tenía que recuperarme, que encontrarme y desprenderme de todas las capas de desconfianza que él había puesto sobre mí. Pero algo de mi nuevo camino no le gustaba, a pesar de que estaba lejos. Y es que mi senda me estaba llevando "fuera del guacal". Fuera de su control. Fue aquí cuando hizo cualquier esfuerzo por recuperarme y entramos en la cuarta y última fase: el hoovering.

LA FASE DE *HOOVERING*: ASPIRANDO LO QUE QUEDA

Este término, derivado de la marca de aspiradoras Hoover, se utiliza para describir un comportamiento manipulador en el ciclo de abuso narcisista. El *hoovering* se refiere a los intentos del narcisista de "aspirar" de nuevo a la persona que ha descartado o alejado. Después de haber pasado por las fases de bombardeo amoroso, devaluación y, en algunos casos, descarte, el narcisista o el Rol Amenazante (RA) puede sentir la necesidad de recuperar el control sobre el Rol Vulnerable (RV).

Este proceso puede manifestarse de diversas maneras. Pueden surgir mensajes, llamadas o encuentros inesperados con disculpas, promesas de cambio y expresiones de arrepentimiento. El narcisista o Rol Amenazante intentará seducir a la persona nuevamente, usando tácticas para despertar la nostalgia y la esperanza de que las cosas pueden mejorar.

La primera vez que César me hizo *hoovering* para reconquistarme fue cuando se dio cuenta de que yo mostraba un destello de ir recuperando mi luz, ya que él no podía permitir que yo volviera a brillar, entonces terminó con Soraya y me vino a implorar perdón, pero eso sí, de dientes para afuera. Estos depredadores sociales se deberían ganar el Oscar a la mejor actuación. No solo le creí todo, sino que hasta le di gracias a Dios por hacerlo entender y cambiar. Me llegó, no mi príncipe azul sino una versión remasterizada, de todos los príncipes de Disney juntos en una sola persona, en un príncipe perfecto.

Me llevó a comer a un restaurante de lujo y me contó la vida perfecta que íbamos a tener juntos en esta nueva etapa y lo mucho que había trabajado en terapia. Me devolvió la fotografía mental que yo había imaginado en mi mente, el día de mi boda. Me sentía flotando en el aire, cuando además de ese futuro perfecto que me había prometido, al salir del lugar, llegó el chico del valet parking con una camioneta plateada BMW con un moño gigante, y al bajarse me entregó las llaves diciéndome: señora, aquí está su camioneta. Yo le dije, "no, no es mía", pensé que se había equivocado porque yo llegué al restaurante con César en su coche, pero, para mi sorpresa ese gran regalo inesperado sí era para mí, me lo confirmó César cuando me abrazó inclinándome ligeramente hacia el piso, me dio un beso apasionado y me dijo que no le iba a alcanzar toda la vida para hacerme feliz y reparar el daño que me había causado. ¡De película!

Es esencial comprender que el *hoovering* no está motivado por un cambio genuino en la persona narcisista o Rol Amenazante. Es parte de su patrón de control y manipulación. Quiere mantener a la persona vinculada emocionalmente, jugando con sus sentimientos y manteniendo viva la ilusión de que la relación va a ser diferente. Esta fase es muy peligrosa, porque a diferencia de la fase del *love bombing* aquí ya conoce todo de ti, ya sabe exactamente qué quieres y además estás vulnerable.

Cuando César reapareció con un discurso ensayado de redención y su regalo envuelto en promesas falsas, me sentí en las nubes. Me convencí de que quizás esta vez sí era real, que tal vez el amor verdadero era precisamente eso: la capacidad de perdonar y construir sobre las ruinas.

El problema es que este tipo de personalidades juega con tus deseos más profundos, aparece cuando más sedienta de amor estás, cuando crees que has logrado salir de su desierto, te atrae con la promesa de un trago fresco de agua. Cuando estás dentro de una relación así, no ves un ciclo tan fácilmente, no ves un patrón que se repite, sino que vislumbras el espejismo de una historia de amor que necesita de un último esfuerzo para salir bien. Esta no era una historia de segundas oportunidades, sino una estrategia calculada.

Y lo peor de todo es que no era un caso aislado; muchas personas viven atrapadas en relatos similares sin darse cuenta.

Pero, ¿cómo saber si realmente es amor o manipulación? ¿Cómo identificar las señales de alerta antes de quedar atrapada en una Relación de Riesgo (RdR)? ¿Cómo saber si ya te encuentras en una?

¿EN QUÉ TE HAS METIDO?

Cuestionario: ¿Estás en una Relación de Riesgo (RdR)?

Algunas relaciones no son lo que parecen. Al principio, pueden sentirse como un cuento de hadas o una amistad perfecta, pero poco a poco, algo se rompe. Algo no encaja. Si alguna vez has sentido que te manipulan, que te drenan emocionalmente o que caminas sobre vidrios rotos, presta atención.

Responde Sí o No a las siguientes preguntas. Si marcas Sí en más de cinco, podrías estar en una Relación de Riesgo. Y no, esto no se limita solo a parejas románticas. Puede ser un padre, una madre, un jefe, un amigo, incluso un hijo adulto.

1. ¿Sientes que esa persona te manipula con mentiras, omisiones o distorsiones de la realidad?
2. ¿Al principio te idealizaba, pero con el tiempo empezó a devaluarte o hacerte sentir insuficiente?

3. ¿Sus comentarios sarcásticos o crueles vienen disfrazados de bromas?
4. ¿Te ha amenazado con lastimarse o con destruirte emocionalmente si te alejas?
5. ¿Cambia de humor de manera extrema, pasando de encantador/a a cruel en minutos?
6. ¿Evitas hablar de ciertos temas por miedo a su reacción?
7. ¿Te ha aislado de tus amigos, tu familia, incluso de tu independencia económica?
8. ¿Siempre te culpa de sus problemas o de su mal comportamiento?
9. ¿No muestra el más mínimo remordimiento por haberte hecho daño?
10. ¿Sientes que ya no eres la persona que solías ser antes de esa relación?

Reflexión: "La duda que nos atrapa"

Piensa en un momento específico en el que algo dentro de ti gritó "esto no está bien", pero lo ignoraste. Tal vez fue una frase hiriente, una reacción exagerada o esa sensación de que estabas perdiéndote en la relación.

Responde estas preguntas por escrito y léelas en voz alta:

- ¿Qué pasó exactamente en esa ocasión?
- ¿Cómo te sentiste en ese momento?

- Si alguien te contara una historia similar –sobre su jefe, su madre o su pareja–, ¿qué le aconsejarías?

Tu intuición siempre estuvo ahí. Solo necesitas escucharla.

Llevaremos a cabo un ejercicio al que llamo "detectando la manipulación" así que para esto: escribe tres frases que esa persona haya usado para manipularte. Luego reformula cada una con la realidad objetiva.

Ejemplo:

Manipulación: "Si me dejas de hablar, te quedarás sola".
Realidad: "Tengo derecho a decidir con quién quiero estar. Hay muchas personas que me respetan y valoran".

Repite en voz alta la versión real hasta que sientas que comienza a hacer eco en ti. Cada vez que reafirmes la verdad, estarás rompiendo un eslabón del ciclo de manipulación y recuperando el poder sobre tu vida.

Ahora, me gustaría compartirte un caso práctico, un escenario que nos ayudará a identificar las banderas rojas de una RdR.

Ana lleva seis meses en una relación con Diego. Al principio, él era encantador, atento y la hacía sentir como la mujer más especial del mundo. Le mandaba mensajes todo el día, le decía que nunca había sentido algo así por alguien y que ella era "el amor de su vida".

Con el tiempo, Diego comenzó a cambiar. Ahora la critica por la ropa que usa, diciéndole que "es provocativa" y que se viste así para llamar la atención de otros hombres. Ha empezado a enojarse cuando Ana sale con sus amigas y le dice que "las mujeres de verdad prefieren quedarse con su pareja en lugar de andar en la calle".

Cuando Ana intenta poner límites, Diego le dice que es "demasiado sensible" y que él solo quiere lo mejor para ella. Si discuten, él le deja de hablar por días hasta que Ana termina pidiéndole perdón, aunque no haya hecho nada malo. Últimamente, se siente agotada, confundida y con miedo de decir lo que piensa para no provocar otra pelea.

¿QUÉ ESTÁ PASANDO AQUÍ?

Primera señal de alerta: La rapidez del enamoramiento

Al principio de la relación, Diego la idealiza y le dice que es "el amor de su vida" demasiado rápido. Esto puede ser una señal de *love bombing* (bombardeo de amor o etapa de seducción), una táctica que usan los narcisistas para engancharte emocionalmente.

Una relación sana se construye con el tiempo. Si alguien parece demasiado perfecto y te pone en un pedestal en los primeros meses, es una señal de que quiere atraparte rápido antes de que puedas ver su verdadera personalidad.

Segunda señal de alerta: Control disfrazado de protección

Diego critica la ropa de Ana, diciéndole que "es provocativa" y que "lo hace para llamar la atención de otros hombres".

Esto no es preocupación, es control. Quiere decidir cómo debe vestirse Ana para limitar su libertad y su autonomía.

En una relación sana, tu pareja respeta tus decisiones sin imponerte lo que debes hacer.

Tercera señal de alerta: Aislamiento social

Diego intenta separarla de sus amigas con frases como: "Las mujeres de verdad prefieren quedarse con su pareja en lugar de andar en la calle".

Esto es manipulación emocional. Al decirle eso, la hace sentir culpable por querer ver a sus amigas y poco a poco la aísla. Los narcisistas saben que si logras hablar con otras personas, podrías darte cuenta de que lo que hacen no es normal.

Cuarta señal de alerta: *Gaslighting*

Cuando Ana pone límites, Diego le dice que es "demasiado sensible" y que él solo quiere lo mejor para ella.

Esto es un tipo de *gaslighting*, una táctica en la que la víctima empieza a dudar de su propia percepción y termina creyendo que está exagerando o imaginando cosas.

Quinta señal de alerta: Castigo con la ley del hielo o periodos de silencio

Diego se desaparece o le deja de hablar cuando hay una discusión.

Esto no es solo una mala actitud, es un método de castigo para que Ana aprenda a no contradecirlo y tenga miedo de enfrentarlo en el futuro.

¿CÓMO SE SIENTE ANA REALMENTE EN ESTA RELACIÓN?

Ana siente confusión, culpa y miedo, pero no puede identificar exactamente qué es lo que está mal. Su cerebro está atrapado en una mezcla de amor, esperanza y ansiedad.

Esto es lo que pasa en muchas Relaciones de Riesgo (RdR): El abuso no empieza con golpes, sino con una serie de manipulaciones sutiles que hacen que la víctima dude de sí misma.

Si esto te suena familiar, quiero que sepas que esto NO es amor, es control.

SI ANA FUERA TU MEJOR AMIGA O TU HERMANA, ¿LE DIRÍAS ALGO COMO ESTO?

- "Una persona que te ama no te hace sentir pequeña, confundida o con miedo. Si tienes que justificar constantemente su comportamiento, es porque algo no está bien."
- "Si él cambia de la noche a la mañana y te hace dudar de tu propia realidad, eso no es amor, es manipulación."
- "No necesitas su permiso para ser tú misma. Si sientes que debes pedir disculpas por cosas que no hiciste, es una señal de que te está manipulando."

- "Nadie tiene derecho a aislarte de tus amigos o a controlar lo que usas. Si sientes que poco a poco te estás perdiendo a ti misma, es hora de salir de ahí."

Si reconociste en Ana algo que estás viviendo, no ignores esa sensación. Habla con alguien de confianza y empieza a buscar formas de recuperar tu autonomía. Mereces una relación en la que te sientas segura, libre y valorada.

Este caso muestra claramente cómo se desarrolla una Relación de Riesgo (RdR) con un psicópata o narcisista. No todas las violencias se ven de inmediato, muchas son emocionales y van minando la autoestima poco a poco.

Ahora te pregunto

- ¿Has vivido algo similar?
- ¿Qué emociones sentiste al leer esta historia?
- ¿Crees que algunas de estas señales han estado presentes en tus relaciones pasadas o actuales?

Escribe tus pensamientos y recuerda: el primer paso para salir de una Relación de Riesgo es darte cuenta de que estás en una.

"El abuso es abuso, sin importar quién lo ejerza".

Una Relación de Riesgo (RdR) no se limita a la pareja. Puede darse con cualquier persona que te haga sentir atrapado/a y emocionalmente agotado/a.

Si al leer este capítulo identificaste señales en alguna relación de tu vida, te invito a seguir adelante con este libro. Mantén la mente abierta y dispuesta a transformar tu realidad. Mereces vivir sin miedo, sin culpa y sin manipulación.

2.

Identificar

"Hay heridas que, en vez de abrirnos la piel, nos abren los ojos".

Daphne Rose Kingma

Después de escuchar aquellas palabras salir de su boca con total indiferencia, que pronosticaban mi propia muerte, lo miré directamente a los ojos y pude ver en ellos algo que, hasta ahora, probablemente no había notado. Tal vez el "amor" hacia él me había mantenido completamente ciega, pero aquella noche y a pesar del cielo oscuro, pude verlo con absoluta claridad. Su mirada, esa que alguna vez encontré cálida y cómplice, ahora irradiaba tanta frialdad que casi pude sentir una corriente helada meterse muy dentro de mis huesos. Empecé a temblar y ni la húmeda calidez de la costa costarricense pudo hacerme entrar en calor.

Sus ojos me parecían dos fosas profundas en donde no lograba entrar la luz. En ellos ya no podía encontrar aquella chispa que alguna vez sirvió para iluminar "lo nuestro". Por primera vez en años, pude ver a través de la máscara que él había mantenido tan cuidadosamente, y lo que encontré detrás fue absolutamente aterrador. En ese momento, supe que algo fundamental había cambiado entre nosotros, y que ya no podía ignorar la verdad que había estado frente a mis ojos todo este tiempo. Las vendas se habían caído, revelando la realidad escalofriante que había estado oculta a la vista durante tanto tiempo. Ahora podía identificarlo y no había vuelta atrás.

Identificar es una parte indispensable del proceso. Es el poderoso primer paso. Es el punto de partida hacia la libertad, el amor propio, la sanación y la evolución. Identificar es darte cuenta, es elevar tu nivel de consciencia para determinar el lugar en donde estás situada: Relación de Riesgo (RdR). Este momento, que es casi una epifanía, se dará cuando el dolor sea tan profundo que te supere y no te quede de otra más que volver a la racionalidad y analizar lo que realmente está pasando. Lo que te está pasando. Identificar es, finalmente, ver sin filtros y con absoluta honestidad qué es eso que te está causando tanto daño. La mala noticia es que esta etapa siempre llega demasiado tarde en las Relaciones de Riesgo (RdR).

Aquella noche mi estrategia fue distinta. Seguí invitándole a tomar a picos de la botella de tequila. Esta vez sí necesitaba que estuviera bien borracho. Mi corazón latía con un ritmo desenfrenado y tenía la sensación de que quería escapar de mi pecho.

—Tengo mucho sueño, me voy a la habitación —dije como pude. Pero dormir sería lo que menos podría hacer aquella noche. Me tumbé sobre la cama, me arropé y al escuchar la cerradura de la puerta anunciando su llegada cerré mis ojos y fingí un sueño profundo. Mi cuerpo permanecía inmóvil, pero mis miedos se movían con total libertad en mi mente.

Sus palabras cortaron el aire y como no respondí, su furia se hizo inmensa. Se acercó a la cama y me golpeó con los pies en un intento de interrumpirme el sueño.

—¿Ya estás lista para que te mate, puta? —preguntó.

De mi boca no salieron palabras, pero mi estómago parecía querer responderle. Sentí un golpe helado en mi cara. Era el agua que había derramado sobre mí. Abrí los ojos y volví a mirar los de él.

Su mano tensó mi pelo con fuerza y mientras lo hacía, siguió advirtiéndome sobre mi trágico final con voz amenazante y arrastrada, producto de las grandes cantidades de alcohol que habían logrado dormir su lengua.

—¿Sabes?, hoy no será el día que te mate —dijo soltando mi pelo y dejando caer su cuerpo sobre la cama. A los pocos segundos lo escuché roncando. Esta fue la única vez que me alegré por sus ronquidos y es que su respiración profunda y sonora era la señal de que, por ahora, yo estaba fuera de peligro.

Salí corriendo de la habitación y esperé a que llegara el sol a hacerme compañía. Sabía que César había agendado un paseo de pesca y que debía salir con esos primeros rayos de sol. Subí la mirada y lo vi saliendo de nuestro bungalo. Estaba bañado, fresco y con la cara relajada, como si solo yo hubiera vivido las escenas de la noche anterior. Me aseguré de que desapareciera y entré de nuevo a la habitación. Mi intención era empacar y marcharme, así que puse mi maleta sobre la cama y empecé a llenarla con mis cosas de manera descuidada.

Ya casi lista para salir hice una lista mental de mis pertenencias y me di cuenta de que me faltaba algo importante: mi pasaporte. Horas más tarde entendería que no tenía un esposo, sino un carcelero que retuvo mis documentos para también retenerme a mí.

Ese momento de clarividencia en que se cae la venda y abrimos los ojos para identificar a quien tenemos de frente, puede llegar de muchas maneras: mientras le pones atención a una canción cuya estrofa te deja pensando, al leer un libro, al escuchar el comentario de un amigo, o mientras conduces tu coche. Yo pude identificar a César aquella noche que amenazó con matarme. Y esto no quiere decir que tomé acciones inmediatas y lo dejé de golpe, pero esa escena quebró algo dentro de mí para siempre. Algo que sus palabras, sus promesas y sus regalos ya no podrían arreglar jamás.

CREENCIAS LIMITANTES: LAS TRAMPAS DE TU MENTE

Las creencias son estructuras mentales profundamente arraigadas que moldean nuestra percepción del mundo y de nosotros. Se forman a partir de experiencias personales, influencias familiares, culturales y sociales, y actúan como guías internas que nos ayudan a interpretar la realidad. Desde el punto de vista psicológico, una creencia es una idea que aceptamos como verdadera, aunque no siempre tenga un fundamento racional o comprobable. Su función original es brindarnos estabilidad y sentido de orientación, permitiéndonos navegar el mundo de manera predecible. Sin embargo, cuando estas creencias son limitantes, en lugar de impulsarnos, nos atan a patrones que nos perjudican.

Estas creencias arraigadas, moldeadas por nuestras experiencias familiares y culturales, a menudo se convierten en el lente a través del cual percibimos el mundo y nuestras relaciones. Nuestro sistema de creencias familiares nos fue transmitido por nuestros padres y cuidadores y puede dejar una huella profunda en nuestra psique y en nuestras elecciones en la vida. Como individuos, absorbemos e internalizamos estas creencias desde una edad temprana, moldeando nuestra identidad y nuestras expectativas sobre lo que es posible para nosotros.

¿POR QUÉ ES TAN DIFÍCIL IDENTIFICAR Y SUSTITUIR NUESTRAS CREENCIAS LIMITANTES?

Desde la infancia, nuestra mente absorbe información como una esponja, estableciendo patrones de pensamiento que nos protegen y nos ayudan a sobrevivir en nuestro entorno. Las creencias limitantes suelen formarse como mecanismos de defensa para adaptarnos a las reglas de nuestra familia y nuestra cultura. Por ejemplo, si una niña crece en un hogar donde se le enseña que debe ser sumisa y complaciente para ser aceptada, esta creencia puede ayudarle a evitar conflictos en su infancia. En ese momento, esta creencia funcionó porque le garantizaba aceptación y amor. Sin embargo, al llegar a la adultez, esas mismas creencias pueden convertirse en cadenas invisibles que la llevan a tolerar relaciones abusivas, falta de autonomía y miedo al rechazo.

Desde el punto de vista de la neurociencia, las creencias limitantes están fuertemente arraigadas en nuestro cerebro porque están vinculadas al sistema límbico, la región que regula nuestras emociones y respuestas automáticas. Cuando intentamos cambiar una creencia, en realidad estamos desafiando conexiones neuronales ya establecidas, lo que genera resistencia y malestar emocional. Es por lo que, aunque racionalmente entendamos que una creencia nos perjudica, emocionalmente nos cuesta soltarla.

Por ejemplo, consideremos la historia de una mujer criada en un entorno patriarcal, donde se le enseñó desde una edad temprana que el papel de la mujer es servir y atender al hombre. Este fue mi caso. Mi padre, como único proveedor del hogar, promovía la idea de que la mujer era menos valiosa si no cumplía con los estándares tradicionales de feminidad y sumisión. Estas creencias limitantes, arraigadas en el patriarcado, moldearon la percepción de mí y del lugar que yo debía ocupar en el mundo.

Estas creencias pueden llevar a patrones de comportamiento dañinos y autodestructivos en las relaciones. Por ejemplo, la mujer criada en este ambiente patriarcal puede sentirse atraída hacia relaciones en las que se espera que cumpla con el papel de sumisa y servicial, incluso si eso significa tolerar comportamientos abusivos o coercitivos por parte de su pareja. Esto es la contraparte del machismo que es el marianismo, en donde se espera que la mujer sea linda, sumisa, relegada, virtuosa, sacrificada y su rol es cuidar del hogar. El marianismo mata los sueños de las mujeres, no le permite tomar decisiones. Es sacrificio a tal grado de "me quito el bocado de la boca para dárselo a mis hijos". Te anulas como mujer.

La clave para transformar nuestras creencias es tomar consciencia de ellas, cuestionarlas y reprogramarlas conscientemente. La psicología cognitiva sostiene que nuestras creencias determinan nuestra manera de interpretar la realidad y, por lo tanto, nuestra calidad de vida. Como dice la teoría de Albert Ellis en la Terapia Racional Emotiva Conductual (TREC), no son los eventos los que nos dañan, sino la interpretación que hacemos de ellos. Esto significa que podemos resignificar nuestras experiencias y construir creencias más funcionales y empoderadoras.

Es muy importante reconocer y desafiar estas creencias limitantes para liberarnos de su influencia y tomar el control de nuestras vidas y relaciones. Al entender de dónde vienen nuestras heridas y nuestras carencias, podemos comenzar el proceso de sanación y transformación personal. Este proceso nos permite tomar decisiones conscientes y empoderadas en nuestras relaciones, en lugar de repetir los patrones del pasado de manera inconsciente.

Sustituir creencias limitantes por creencias empoderadoras es un proceso que requiere tres pasos fundamentales:

1. **Identificación:** cuestionar qué creencias rigen nuestra vida y detectar cuáles nos están limitando.
2. **Reprogramación:** desafiar la validez de esas creencias y generar nuevas interpretaciones más saludables.
3. **Refuerzo:** practicar acciones alineadas con las nuevas creencias hasta consolidarlas en nuestra identidad.

Cuando nos atrevemos a cuestionar esas creencias que aprendimos en la infancia y las sustituimos por pensamientos que nos impulsan, nos liberamos de cadenas invisibles que han gobernado nuestra vida sin que lo notemos. Cambiar una creencia no solo transforma nuestra mentalidad, transforma nuestra realidad.

¿QUÉ CREENCIAS ESTÁN MOLDEANDO TU VIDA SIN QUE TE DES CUENTA?

Ahora te invito a hacerte una pregunta poderosa: ¿Las creencias que tienes hoy sobre el amor, el compromiso y el valor personal son realmente tuyas o fueron impuestas por tu familia, tu entorno y la sociedad? Piensa en cómo esas creencias han influido en la forma en que eliges a tus parejas, a tus amigos, a las personas que te rodean. ¿Te han llevado a construir relaciones sanas y equilibradas, o han sido la raíz de vínculos en los que has perdido tu identidad y tu bienestar?

Si alguna vez has tolerado el maltrato porque creíste que "el amor todo lo soporta", si has sentido que necesitas demostrar tu valía para ser amada, si has permanecido en una relación donde no eres vista, escuchada ni respetada por miedo a estar sola, es momento de detenerte y cuestionar de dónde vienen esas ideas. Porque no son verdades absolutas. Son historias que alguien más te contó, pero no son las que tú tienes que seguir escribiendo.

Tú tienes el poder de cambiar tu narrativa. Puedes reconstruirte desde la autenticidad, desde el amor propio, desde la certeza de que no necesitas encajar en un molde para merecer un amor sano y recíproco. La pregunta clave es: ¿Vas a seguir viviendo desde las creencias que te limitan, o estás lista para construir nuevas creencias que te lleven a la libertad?

Hoy tienes en tus manos la oportunidad de reescribir la historia. Que no te dé miedo soltar lo que ya no te sirve. Que no te dé miedo elegirte a ti.

HERIDAS DE INFANCIA: LA HUELLA IMBORRABLE

En cada uno de nosotros hay huellas del pasado. Vestigios que dejó el paso de los años, el paso de las personas y el paso del entorno dentro del que aprendimos a entender el mundo e interactuar con él. Si bien no todos crecimos dentro de ambientes familiares marcados por la violencia (física, emocional y psicológica) o el abuso, es una verdad innegable que la relación con nuestros padres (o cuidadores primarios) dejó un rastro inconsciente en nosotros. Este rastro invisible es mucho más que una marca, pues las heridas de nuestra infancia (aunque parezcan muy lejanas) influirán en la forma en que nos relacionamos durante la adultez. Si no sabemos sobre la existencia de estas heridas, si no levantamos la gasa que las cubre para verlas en su estado real, intentando descifrarlas, entonces las posibilidades de terminar curándolas erróneamente, a través de relaciones que tienen todo el potencial para convertirse en Relación de Riesgo (RdR) ¡son muy altas!

Si existiera la posibilidad de mostrar un video con momentos de mi infancia para que otros pudieran verlo, seguro me dirían:

–¡Loretta, qué infancia más hermosa! Parece sacada de un cuento de Disney–.

Y la verdad es que exactamente esa frase me la habría dicho durante años. No fue hasta que dejé de creer en la ilusión de una familia perfecta que comencé a ver a mis padres como seres humanos imperfectos. Lo que es absolutamente normal y esperado. A pesar de sus innumerables cualidades maravillosas, ellos, como todos los demás, tenían sus imperfecciones. Fue una revelación natural, un cambio de la idealización hacia una comprensión de que reconocer sus fallos no equivalía a no amarlos y no serles leal. Las lealtades hacia las narrativas familiares pueden oscurecer nuestra percepción de nuestra crianza, protegiéndonos de verla tal como realmente fue.

Esta idea de "los padres perfectos" y la "familia perfecta" es un mito. Así como lo es el Ratoncito Pérez o Santa Claus. Es un planteamiento que comprendemos solo cuando alcanzamos la madurez emocional y aceptamos la realidad de nuestras historias.

Esto no se trata de echar culpas o juzgar a nuestros padres; se trata de evaluar objetivamente los hechos de nuestra crianza. Se trata de reconocer los pasos en falso, inadvertidos o intencionales, que nos dejaron heridas profundas. Porque todos llevamos cicatrices y cada una cuenta una historia única de dolor y resiliencia (sin importar en qué medida). Piensa en ellas como heridas metafóricas, algunas tan profundas que requieren suturas, mientras que otras simplemente necesitan un vendaje.

Existen cinco heridas primarias: el abandono, el rechazo, la injusticia, la humillación y la traición. Cada una deja su marca en nuestra psique, moldeando la forma en que nos percibimos e interactuamos con el mundo que nos rodea. Estas heridas, aunque invisibles a simple vista, son profundas y logran influir en nuestros comportamientos, creencias y relaciones.

1. **La herida de abandono** surge cuando en la infancia experimentamos la ausencia emocional o física de una figura de apego. Puede manifestarse cuando uno de los padres está presente, pero distante, o cuando se siente que el amor es inestable. En la adultez, esta herida genera un miedo profundo a la soledad, llevando a quien la padece a aferrarse a relaciones dañinas por temor a ser dejado, tolerando incluso situaciones de maltrato con tal de no enfrentar el vacío del abandono.
2. **La herida de rechazo** se instala cuando un niño crece sintiendo que no es bienvenido, que no es suficiente o que su existencia incomoda. Puede venir de críticas constantes, comparaciones con otros o la sensación de no ser deseado. En la adultez, esta herida lleva a una lucha interna en donde la persona busca validación a toda costa, acepta menos de lo que merece y teme profundamente el rechazo, lo que la hace tolerar dinámicas donde se le menosprecia o descarta.
3. **La herida de injusticia** nace en infancias donde se exige perfección, se aplican reglas rígidas y el afecto depende del rendimiento. Crecer en un ambiente donde el cariño está condicionado a la obediencia o al éxito, puede generar adultos que se esfuerzan en exceso para ser re-

conocidos y sienten que, si no cumplen con estándares altísimos, no merecen amor ni aceptación.

4. **La herida de humillación** aparece cuando el niño es avergonzado o ridiculizado por quienes deberían haberlo protegido. Sufrir críticas constantes, ser comparado o expuesto al escarnio genera una sensación de indignidad que en la adultez se traduce en aceptar la humillación como parte del amor, conformarse con relaciones que minimizan su valor o sentir que debe esconderse para evitar ser juzgado.
5. **La herida de traición** se forma cuando la confianza se rompe desde una edad temprana. Esto sucede cuando una figura importante hace promesas que no cumple, engaña o manipula. En la adultez, esta herida genera desconfianza, un miedo constante a ser traicionado y la necesidad de controlar las relaciones para evitar el dolor de una nueva deslealtad.

La buena noticia es que, al reconocerlas y comprenderlas, comenzamos el camino del autodescubrimiento que nos ayudará a sanarlas. No podemos cambiar lo que vivimos en la infancia, pero sí podemos cambiar la forma en que esas heridas influyen en nuestra vida presente. Sanarlas significa dejar de reaccionar desde el dolor y empezar a construir relaciones que nutran en lugar de destruir.

Aunque mis padres estuvieron siempre presentes en mi vida, la herida del abandono marcó profundamente mi experiencia. Esta herida, paradójicamente, me llevó a desarrollar una dependencia emocional que no reconocía en mí hasta que empecé a explorar estas marcas inconscientes con plena consciencia. Fue un descubrimiento doloroso pero liberador. A través de la terapia, identifiqué que había adoptado patrones de codependencia, sin comprender completamente por qué, dado que no había experimentado escenas que yo pudiera reconocer como abusivas o violentas dentro de mi hogar. Sin embargo, ahora entiendo que sí las viví, por ejemplo, mi papá a pesar de ser una figura tan amorosa, cuando me castigaba me aplicaba la ley del hielo hasta por un mes y eso, es violencia, solo que yo no lo sabía. Estando castigada, si mi papá estaba enojado conmigo, me sentaba en un sillón al lado de él y no permitía que yo le dirigiera la palabra, marcaba una línea imaginaria en el sillón y si la cruzaba con mi mano me echaba una mirada de reprimenda, no podía acercarme, no lo podía tocar y eso, también es violencia.

Mi madre era también una figura aparentemente perfecta: Una ama de casa dedicada y presente, hasta que una terrible enfermedad tocó nuestra puerta, cáncer de mama. El seno derecho se lo quitaron por completo y el izquierdo, a la mitad. Desde una edad temprana, fui designada como "la enfermerita" de casa, asumiendo un papel de la rescatadora dentro de nuestro sistema familiar. A mis 10 años se dio una interferencia de roles, yo cuidaba a mi mamá siendo una niña en lugar de que ella me cuidara a mí. En su fuerte depresión, mi mamá se refugió en mí, sin embargo, una niña no tiene la capacidad ni los recursos emocionales para cuidar a una persona mayor, por lo que me quedé sin el soporte o la guía que necesitaba de un adulto. A partir de ese suceso intentaba rescatar a todo mundo, al perrito de la calle, al pajarito herido, en lugar de jugar como todos los niños. Mi familia celebraba mi actitud de salvadora así que se nos hizo normal que me fuera a cuidar a mis tías cuando estaban enfermas, no importando que fuera una niña y no estuviera lista para vivir esa experiencia. Entonces aprendí que la gente me quería y me aceptaba, solo si yo era la cuidadora. Y eso, definitivamente tuvo mucho que ver con mi relación, yo intenté rescatar a César, por eso aguanté tanto.

Este cambio de rol, aunque invisible, moldeó mi identidad y mis relaciones de manera significativa. Aprendí que en las dinámicas familiares, cada uno adopta un papel: el del perfecto, el del rebelde, el del rescatador, el del enfermo, entre otros. Estos roles no son mutuamente excluyentes y pueden entrelazarse en una compleja red de comportamientos y creencias. Reconocer y comprender estos patrones es esencial para nuestro crecimiento personal y nuestra capacidad para establecer relaciones sanas a futuro.

César me mostró una imagen de su infancia, describiéndola como extremadamente traumática: no fue un hijo deseado y experimentó el rechazo y la violencia desde una edad temprana. Su narrativa estaba llena de tragedia y sufrimiento, lo mismo que la de su esposa anterior. La describía como egoísta, renuente a tener hijos, negligente en su atención hacia él, y sumida en el alcoholismo y la frivolidad. Por si esto fuera poco él decía que era de "moral relajada".

Una escena en particular que me contó me impactó profundamente. César llegó a su departamento un día para encontrar a su esposa rodeada de varios hombres, todos ellos bebiendo, bailando y coqueteando. La situación se volvió violenta cuando los hombres lo sacaron del departamento, arrojando sus pertenencias por la ventana. Fue en ese momento cuando César tomó la decisión de separarse. Su historia me conmovió y sentí una profunda empatía por él, adoptando de manera inconsciente el rol que había asumido desde mi niñez, el de la rescatadora. Como en mi infancia: alguien necesitaba ayuda y ahí estaba yo para actuar. Me sentí obligada a salvarlo de sus circunstancias, una respuesta arraigada en mis propias heridas emocionales y mis creencias limitantes.

TU NIÑA INTERIOR

Ya te hablé de mi familia, de mis recuerdos de la niñez. Ciertamente tuve una infancia amorosa, sin embargo, también desarrollé mis heridas como te lo conté. Los recuerdos hermosos de mi niñez son mis grandes tesoros: esas palabras, recuerdos y situaciones afortunadas que guardo celosamente en mi interior, son mi talismán, mi ancla a la que me aferro cuando las aguas se agitan y las tormentas amenazan con hundirme. En esos momentos difíciles, me he sumergido en esos recuerdos, dejando que sus luces iluminen mi camino, recordándome quién soy y de dónde vengo.

Ahí, en el centro de mi corazón, también está mi niña interior, esa parte de mí que aún conserva la pureza, la inocencia y la capacidad de asombro que tenía cuando era pequeña. La niña interior es la versión más genuina de nosotros mismos, aquella que existe más allá del condicionamiento social, los mandatos familiares y las experiencias que han moldeado nuestra adultez. Sin embargo, cuando pasamos por situaciones dolorosas en la infancia, esa niña se queda atrapada en el tiempo, cargando con heridas que nos siguen afectando en la vida adulta.

¿Por qué es importante trabajar con nuestra niña interior? Porque muchas de las decisiones que tomamos, la forma en la que nos relacionamos y los patrones que repetimos tienen su origen en esas heridas de la infancia. Si esa niña no recibió amor incondicional, hoy podemos buscarlo desesperadamente en los demás. Si se sintió abandonada, es probable que tengamos miedo a la soledad. Si aprendió que debía ser perfecta para ser amada, hoy puede que vivamos en una constante autoexigencia. Sanar a nuestra niña interior significa darle hoy lo que no recibió entonces: seguridad, amor, validación y protección.

Por eso, a esa pequeña niña que me ve desde adentro con su mirada brillante y su espíritu inquebrantable, decidí, en una ocasión, escribirle una carta. He descubierto que un gran ejercicio para trabajar tus heridas de la infancia es hablarte, escribirte, conectarte con tu niña interior. Es una práctica muy común en terapia, pero también muy profunda y poderosa para impulsar tu camino a la sanación y a la integración de tu ser.

Por ello sugiero que cuando sientas esa necesidad de conectarte, de hablarte y consentir a esa versión tuya en su estado más puro y vulnerable, lo hagas, te escribas una carta con todo el amor y la intención de estar dispuesta a seguir sanando, creciendo y aprendiendo... Así que aquí te comparto mi carta.

Mi pequeña Loretta, nena adorada

Esta carta es para ti, mi niña hermosa, para mi pequeña niña interior, para mi verdadero ser... al que por tantos años desconocí, abandoné, maltraté, ignoré, temí y evadí... al que incluso puse en RIESGO.

Hoy sé que existes, que vives en mi interior y que, en muchas ocasiones, has querido tomar el control desde tus heridas, desde tu dolor, desde tus necesidades no satisfechas, desde tu miedo a ser abandonada: Has deseado hacerlo desde tu sentimiento de injusticia, desde tu temor a ser rechazada, desde tu terror a ser humillada, desde la angustia a ser traicionada. Has deseado llevarlo a cabo desde todos esos demonios internos germinados por las creencias y por los mandatos familiares en los que vivimos nuestra infancia; sí, esa infancia que determinó la vida que tú y yo hemos elegido vivir hasta ahora y desde donde formamos nuestro propio sistema de creencias.

Acepto que vivía con un terror que se instaló por días, semanas, meses, años..., hasta lo más hondo de mi ser, que normalicé, que adopté, que adormecí, que me paralizó y que me cegó por tanto tiempo. Sé que lo hice porque, en el fondo, sabía que reconocerte y abrazarte, significaba hacerme responsable al cien por ciento de mi vida, de mis decisiones, de mi realidad, de mi existencia. Confieso que no quería crecer porque para mí era más fácil culpar al exterior por todo lo roto, lo fragmentado que estaba mi interior. Al no verte, al guardarte y ocultarte en lo más recóndito de mi ser, obtenía el pretexto ideal de evadir y de esperar que otros vivieran la vida por mí. Al fin así el traje de la víctima me venía muy bien porque con él eludía la aterradora responsabilidad de portar, el que por derecho me corresponde y con el único que puedo vivir la vida que yo deseo, el de la productora de mi existencia.

Mi niña adorada, quiero que sepas que ya estoy lista para convertirme en tu MA–PA (mamá–papá) y que estoy dispuesta a hallar esa brújula interior que nos guiará por siempre... Estoy preparada para ser una amorosa mamá para ti. Nadie en este mundo puede representar ese papel mejor que yo. Te amo exactamente como eres... con tus luces y con tus sombras, de forma incondicional; amo todo tu ser y para mí, así, justo así, eres perfecta. Nunca tendrás que ganarte mi amor. Estás a salvo conmigo, aquí estoy abrazándote, protegiéndote, y siempre estaré. Te entiendo, te veo, te escucho, te reconozco, te siento. Siempre tengo tiempo para ti, me encanta tu compañía, Siempre te escucharé, pues lo que tú tienes que decirme es el mensaje más importante que podré escuchar, siempre te veré porque ahora comprendo que tú eres mi verdadera esencia, siempre te amaré porque somos una y ahora reconozco que yo soy el amor de mi vida. Desde ahora tú y yo estamos en sincronía perfecta, con una total conexión, fundidas y compenetradas como lo que somos, un solo ser.

Mi hermosa niña, ahora puedes relajarte porque yo soy el adulto y solo yo estoy a cargo de todo. Nunca más tendrás que emitir alaridos desesperados para que yo sepa que estás ahí, que habitas en mí. Elijo adoptarte y decido asumir la responsabilidad total, pues he logrado comprender y resignificar nuestra infancia, he logrado examinar nuestro sistema de creencias y he logrado soltar los mandatos familiares. Ahora tenemos nuestro propio sistema de creencias... soy yo quien lo ha formado y quien ha desenraizado aquellas que nos limitaban y que nos invitaban a la involución. Ahora yo soy la productora y la que escribe a diario en esa hoja en blanco, que cada amanecer nos otorga, lo que quiero para nuestro presente, que construye nuestro futuro.

Confía en mí, mi niña hermosa, confía, pues ya soy capaz. Me comprometo a trabajar todos los días para desarrollar una mejor versión y para crear una maravillosa realidad, esa realidad en la que ambas estaremos por siempre en armonía, conexión y balance. Ten por seguro que nuestro yo del futuro está orgulloso de lo que hoy hemos logrado, porque ese yo sabe que hemos dado el mayor paso hacia una vida plena, nutricia y feliz. Porque hoy te he adoptado y desde hoy somos una.

Mi niña preciosa, te abrazo muy fuerte hoy mañana y siempre. Te doy uno de esos abrazos fuertes, muy fuertes que nos reparan el alma. Te abrazo repleta de gratitud, de amor y de libertad... te abrazo, te abrazo.

Con todo mi amor,
Tu MA–PA, (mamá, papá)
Loretta.

LAS EMOCIONES Y LOS SENTIMIENTOS: VAMOS A PONERLES NOMBRES Y APELLIDOS

Yo estuve en una Relación de Riesgo (RdR) por muchos años, tomé esa curva sin frenos y a toda velocidad por muchísimas razones (sobre algunas de ellas ya hemos hablado), pero una razón que hoy entiendo que tuvo mucho peso es por mi conocimiento poco profundo sobre las emociones y los sentimientos.

En la escuela y en casa aprendemos sobre muchas cosas mientras vamos creciendo, infortunadamente, nunca aprendemos acerca de las emociones. Existen dos tipos, las básicas y las sociales. Con las primeras nacemos y las segundas las aprendemos.

Las emociones y los sentimientos son el lenguaje más primitivo y poderoso del ser humano. Nos permiten interpretar el mundo, conectar con los demás y tomar decisiones que pueden definir el rumbo de nuestras vidas. Sin embargo, aunque a menudo se usan como sinónimos, existen diferencias esenciales entre ambos conceptos.

Una emoción es una reacción psicofisiológica inmediata y automática a un estímulo, ya sea externo (una situación, una persona, un evento) o interno (un pensamiento, un recuerdo, una sensación). Son respuestas universales e instintivas que han evolucionado para garantizar nuestra supervivencia. Por ejemplo, el miedo nos impulsa a huir ante una amenaza, la ira nos prepara para defendernos, la tristeza nos ayuda a procesar pérdidas, y la alegría refuerza conductas que benefician nuestra vida. Las emociones se activan en cuestión de milisegundos, antes de que siquiera podamos racionalizarlas, y desencadenan cambios en el cuerpo: aceleración del ritmo cardíaco, tensión muscular, sudoración, cambios en la respiración y liberación de neurotransmisores, como la adrenalina o la dopamina.

En contraste, un sentimiento es la interpretación consciente y subjetiva de una emoción. No es una reacción inmediata, sino una construcción mental que surge cuando reflexionamos sobre lo que experimentamos. Mientras que una emoción puede durar solo unos segundos o minutos, un sentimiento puede extenderse por días, semanas o incluso años. Por ejemplo, puedes experimentar la emoción de la ira ante una injusticia, pero el sentimiento que se genera a partir de ello puede ser el resentimiento o la indignación prolongada. La emoción del miedo puede transformarse en una sensación persistente de ansiedad, o la alegría momentánea puede consolidarse en un sentimiento más estable de felicidad o gratitud.

¿CUÁNTAS EMOCIONES EXISTEN?

Diversas teorías han intentado clasificar las emociones humanas. Paul Ekman, psicólogo pionero en el estudio de las emociones, identificó seis emociones básicas presentes en todas las culturas: alegría, tristeza, ira, miedo, asco y sorpresa. Pero, estudios más recientes han ampliado esta lista. Investigaciones de la Universidad de Berkeley sugieren que existen al menos 27 emociones distintas (dentro de estas hay subclasificaciones y subtipos dando un total de más de 1,500), que incluyen sensaciones más matizadas como admiración, alivio, vergüenza, nostalgia y satisfacción.

¿POR QUÉ ES IMPORTANTE ENTENDER NUESTRAS EMOCIONES Y SENTIMIENTOS?

Comprender nuestras emociones y sentimientos no solo nos ayuda a tomar mejores decisiones, también nos empodera para salir de patrones de conducta dañinos. En el contexto de una Relación de Riesgo (RdR), la confusión emocional puede ser una de las principales trampas que nos mantienen atrapadas. Muchas mujeres han aprendido desde la infancia a reprimir sus emociones o a interpretar el sufrimiento como amor, lo que las lleva a justificar el abuso o la falta de reciprocidad en una relación.

Al aprender a identificar, validar y gestionar nuestras emociones, podemos reconocer las señales de alarma antes de quedar atrapadas en dinámicas destructivas. Una mujer que entiende sus emociones deja de ser prisionera de ellas. En lugar de reaccionar impulsivamente, puede desarrollar la capacidad de regular su mundo emocional, establecer límites sanos y tomar decisiones desde la claridad y el amor propio.

El primer paso hacia la sanación y la transformación es escuchar lo que nuestras emociones nos están diciendo. Son brújulas internas que, si aprendemos a interpretar correctamente, pueden guiarnos hacia una vida más plena, libre y auténtica.

Todavía puedo recordar a mi mamá diciéndome cosas como "no llores, sé valiente". Supongo que ella me decía esto porque no sabía qué hacer ni siquiera con sus propias emociones, muchos menos con las mías. Si tus padres no han desarrollado inteligencia emocional (que es una habilidad que se adquiere y desarrolla, porque nadie nace siendo emocionalmente inteligente), ¿cómo van a poder ayudarte? Es fundamental contar con la guía de un adulto emocionalmente sano, desde una edad temprana, que te lleve a desarrollar un apego seguro y a la gestión eficiente de toda la gama de emociones. Tanto las que percibimos como positivas o negativas, entendiendo que no hay tal cosa como emociones "buenas" y "malas", solo emociones válidas que tienen su razón de existir. De hecho, como ya mencioné, hay más de 1,500 emociones por lo que aprender a gestionarlas es como estudiar una maestría de vida.

Cuando enfrentamos una experiencia, bien sea grande o pequeña, no sabemos cómo gestionar lo que experimentamos internamente, hacia dónde debemos dirigirnos o qué emoción corresponde. ¿Y cómo hacerlo si nadie nos ha brindado una guía realmente valiosa para lograrlo? Las emociones son como el tablero de un coche que te avisa cuando algo no está bien y necesita revisarse. Del mismo modo, las emociones son indicadores importantes de que debemos aprender a reconocer y manejar, ya que tienen una función evolutiva y adaptativa para el ser humano. El miedo, por ejemplo, nos protege y nos advierte de peligros potenciales, es como nuestro guardaespaldas que nos ayuda a mantenernos a salvo y alerta. Todas las emociones tienen su lado oscuro y su lado luminoso.

Un ejercicio que podría funcionar para comenzar a integrar esta información es el de humanizar tus emociones. Ponerles cara, cuerpo, temperatura, color, olor, incluso nombre y apellido. Y aquí te comparto las mías, en un ejercicio de absoluta vulnerabilidad para que tengas una guía amigable.

Jason, el miedo

Usé el nombre de un actor famoso por sus papeles en películas de acción, porque comencé a reconocer a mi miedo como un guardaespaldas y fue así que, en vez de arrinconarlo y juzgarlo desde la negatividad, lo empecé a ver como algo positivo y hasta le di un cuerpazo y una carita guapa. El lado luminoso del miedo es que te ayuda a cuidarte, te advierte. El lado oscuro, es el que te paraliza.

Cleo, la señora preocupación

Cleo es una señora sesentona que viste un traje sastre morado, usa lentes y tiene el pelo recogido con un moño. Ella representa mi preocupación. Pero no llega para estresarme y causarme ansiedad, sino que aparece para invitarme a ocuparme. Me dice: "Loretta, tienes una cena importante en unos días y apenas has pensado en el menú. Así que párate del sofá y deja de ver Netflix". El lado luminoso de Cleo es que es un llamado a la acción para ocuparte y resolver. El lado oscuro es que te genera ansiedad.

Azul, la tristeza

Azul es una gotita de lágrima. Tiene muy bien pintados los labios y sé que es coqueta porque usa unos taconcitos divinos. Ella aparece cuando me pongo blue. En el contexto del blues, el ritmo se utilizaba para describir la sensación de tristeza profunda o melancolía que a menudo se expresaba en las letras de las canciones y luego fue una palabra que se incorporó a la descripción emocional. Azul llega para invitarme a replegarme para luego soltar. Tenemos que aprender a abrazar el duelo y la tristeza. Abrirle la puerta a la señora de labios rojos para que ella pueda entrar y luego también pueda despedirse (hasta su próxima visita). Hoy agradezco su llegada porque entiendo que ella viene con la intención de ayudarme a soltar un objeto material, un sueño, una creencia, un proyecto, una ilusión o hasta la pérdida de un ser amado. El lado luminoso de azul es que al llorar te alivia y te ayuda a purificar el alma. El lado oscuro es que, si no se le procesa, te puedes hundir en una depresión.

Sol, la alegría

Sol llega y me llena de paz, de goce y disfrute. La alegría es una emoción expansiva que se riega por todo nuestro cuerpo y, además, es capaz de contagiar a otros. Los mejores momentos de mi vida han sido al lado de Sol, ella irradia esa luz que alegra a todo mi entorno. De ahí su nombre. El lado luminoso de Sol es que te invita a vivir la vida intensamente, a compartir y estar orgullosa de tus logros. El lado oscuro, es querer vivir en un orgasmo permanente en la vida, es imposible, te volverías neurótico y vivirías lleno de frustración.

Igor, el enojón

Igor es una pequeña llamarada. Es rojo y cuando llega, es capaz de quemar todo a su alrededor. El lado luminoso es que aparece para que yo pueda poner límites. El lado oscuro es que, si no pones límites, vas acumulando enojo y puedes convertirte en un volcán en erupción y tener ataques incontrolables de ira.

Javi, el asco

Javi es una masa gelatinosa de color verde y ha logrado perfilar mi instinto con las cosas y también con las personas. Me ha salvado desde cocinar un rico arroz sin darme cuenta de que había un camarón en mal estado, hasta comprender que ese repudio que me causan ciertas personas también es una señal de alerta que debo tener en cuenta. Su lado luminoso es que me alerta y aleja de lo que me hace daño. Su lado oscuro es que si ignoro sus alertas, me quedo en lugares que no me hacen bien, como por ejemplo una RdR, Relación de Riesgo.

Cuando desarrollamos nuestra inteligencia emocional y abrazamos el abanico de emociones estamos en contacto directo con estos personajes para entender lo que sentimos, cómo lo sentimos y lo más importante: por qué lo sentimos. Si le ponemos nombre, apellido y cuerpo a nuestras emociones iremos perfeccionando un instinto que nos ayudará a identificar banderas rojas.

A ese momento de clarividencia en que se cae la venda y abrimos los ojos para identificar a quien tenemos enfrente; realmente se puede llegar de muchas maneras: mientras le pones atención a una canción cuya estrofa te deja pensando, al leer un libro, al escuchar el comentario de un amigo o mientras conduces tu coche.

Es aquí donde comienza el verdadero proceso de sanación. Identificar lo que nos ata es el primer paso para liberarnos. Y para hacerlo, es importante hacernos preguntas que nos ayuden a reconocer esas creencias limitantes que hemos llevado con nosotras, muchas veces sin darnos cuenta.

Sé que enfrentarse a estas preguntas puede ser incómodo, pero también es poderoso. Porque cuando logras ponerle nombre a las creencias que te han mantenido atrapada, empiezas a desarmarlas. Y cuando desarmas una creencia limitante, abres la puerta a una nueva posibilidad: la posibilidad de verte con otros ojos, de darte un amor que nunca te has dado, de construir una vida sin miedo, sin culpa y sin la carga del pasado.

Así que te invito a que te tomes un momento y reflexiones sobre lo siguiente. Escribe tus respuestas con honestidad, sin miedo y sin juicio. Este es tu espacio seguro.

¿QUÉ CREENCIAS LIMITANTES ME ATAN A UNA RELACIÓN DE RIESGO?

Lee cada afirmación y responde Sí o No. Si respondes "Sí" a más de cinco preguntas, podrías estar cargando creencias que te impiden liberarte de una relación dañina.

1. ¿Crees que una mujer debe soportar por amor?
2. ¿Sientes que sin esa persona no podrías salir adelante?
3. ¿Te han enseñado que el amor todo lo puede y que debes luchar hasta el final?
4. ¿Piensas que, si dejas esta relación, nunca encontrarás a alguien más?
5. ¿Te sientes egoísta cuando pones límites o piensas en ti primero?
6. ¿Crees que necesitas la validación de alguien más para sentirte valiosa?
7. ¿Te da miedo ser independiente y autónoma porque no sabes cómo manejar tu vida sola?
8. ¿Sientes que amar implica sacrificio constante?
9. ¿Crees que puedes cambiar a la otra persona si te esfuerzas lo suficiente?
10. ¿Prefieres aguantar antes que enfrentar la incertidumbre de estar sola?

Como lo dije antes de empezar el ejercicio, si respondiste "sí" a más de cinco de estas preguntas, es momento de cuestionar de dónde vienen esas ideas. ¿Las escuchaste de tu familia? ¿Te las enseñaron desde niña? ¿Vienen de experiencias previas?

Recuerda que lo que te enseñaron sobre el amor no siempre es lo que realmente es el amor. Identificar es el punto de partida. Es el acto de abrir los ojos no solo para ver a la otra persona con claridad, sino para verte a ti misma con honestidad. Es el primer paso hacia la sanación, hacia la construcción de un amor propio que no se base en el sacrificio ni en la necesidad de rescatar a nadie. Porque el amor real no duele, no encarcela y, sobre todo, no te hace sentir que debes perderte para que alguien más te ame.

Reflexión:
"Las voces del pasado que viven en mi presente"

Desde que somos pequeñas, muchas mujeres crecen con mensajes sobre el amor, las relaciones y la vida que, sin saberlo, pueden estar saboteándolas. Estos mensajes no solo vienen de la familia, también de la sociedad, los medios y las experiencias que moldean nuestra percepción.

Ahora te pediré que cierres los ojos y te preguntes:

- ¿Qué frases sobre el amor escuchaba en casa cuando era niña?
- ¿Cómo me hablaban sobre el matrimonio, el compromiso y las relaciones?
- ¿Qué miedos aprendí sobre estar sola o dejar una relación?

Escribe en tu cuaderno o diario:

- ¿Quién te enseñó esas creencias? (Tu mamá, tu papá, tu abuela, la sociedad...)
- ¿Crees que esas creencias te han ayudado a crear relaciones saludables o te han mantenido atrapada en ciclos tóxicos?
- ¿Qué pasaría si soltaras esas ideas y empezaras a construir nuevas creencias sobre el amor y lo que mereces?

Las creencias limitantes no son verdades absolutas. Son historias que alguien más te contó. Hoy tienes el poder de escribir tu propia historia, una que esté alineada con lo que realmente mereces.

Sé que es difícil enfrentarse a estas preguntas, pero, a pesar de ello, sé que lo estás haciendo excelente y todo estará bien, te lo prometo. Ahora te mostraré un ejercicio practico llamado "Sanando a mi niña interior".

Lo que hemos vivido de niñas no determina cómo debemos amar de adultas. Pero lo primero para cambiar esa historia es reconocerla y tomar el control de lo que elegimos permitir en nuestras vidas. Hoy tienes el poder de cambiar. Las heridas de la infancia tienen un gran impacto en la forma en la que elegimos nuestras relaciones. Si de niña no recibiste amor sano, podrías estarlo buscando en relaciones dañinas.

Escribe una nueva creencia sobre el amor y repítela en voz alta todos los días. Algunas ideas pueden ser:

- "Merezco un amor que no me haga sufrir ni sentir miedo."
- "No tengo que sacrificar mi paz para ser amada."

- "Mi infancia no dicta mi destino."
- "Yo elijo relaciones que me sumen, no que me resten."

Tú tienes la llave para cambiar la historia. Tu futuro no tiene que ser una repetición del pasado.

LAS HERIDAS EMOCIONALES QUE TE ATAN A UNA RELACIÓN DE RIESGO

Desde la infancia, cada uno de nosotros desarrolla heridas emocionales que afectan profundamente nuestras relaciones. Si no sanamos estas heridas, pueden arrastrarnos a relaciones dolorosas en las que tratamos de compensar lo que nos faltó.

Identifica qué herida resuena contigo y cómo puede influir en tus relaciones actuales.

¿Te sorprendió alguna emoción al hacer el ejercicio? ¿Te diste cuenta de cómo algunas heridas de la niñez siguen influyendo en tus relaciones de adulta? Sanar a tu niña interior es el primer paso para dejar de buscar amor en lugares donde nunca habrá.

Me gustaría compartirte un caso práctico: "Cuando la infancia dicta nuestras relaciones".

Valeria creció en una familia donde su madre siempre justificaba la indiferencia de su padre diciendo, "los hombres son así". Al ver que su madre toleraba esta actitud, Valeria aprendió que las mujeres deben ser comprensivas, aguantar y dar más de lo que reciben en las relaciones.

Ahora, Valeria está en una relación con Miguel, quien rara vez le presta atención y siempre tiene excusas para no verla. Cuando Valeria expresa su malestar, Miguel le responde que "está exagerando" y que "así son los hombres". Aunque Valeria siente que merece más, le cuesta dejar la relación, repitiéndose a sí misma lo que su madre le enseñó: "Los hombres son así".

- ¿Qué creencias limitantes tiene Valeria sobre el amor?
- ¿Cómo influyó su infancia en su forma de relacionarse con Miguel?
- Si Valeria fuera tu amiga, ¿qué le dirías?

Valeria está repitiendo patrones aprendidos en su infancia. No se da cuenta de que no es normal conformarse con migajas de amor. Su idea de que el amor es sinónimo de sacrificio la ha llevado a tolerar comportamientos que no merecía. Es un claro ejemplo de cómo las relaciones que vemos en nuestra niñez se convierten en nuestro modelo de amor. Pero la buena noticia es que podemos reescribir esos patrones cuando somos conscientes de ellos.

Si te identificaste con Valeria, recuerda:

- No todos los hombres son así.
- Tienes derecho a vivir un amor recíproco y sano.
- Lo que aprendiste en tu infancia no define el amor que puedes tener hoy.

"Tu historia no define tu destino"

Este capítulo te ha mostrado cómo lo que aprendemos de pequeñas sobre el amor impacta en la manera en que elegimos nuestras relaciones. Pero hoy tienes el poder de cambiar esa narrativa.

Escribe una nueva creencia sobre el amor y repítela en voz alta todos los días. Algunas ideas:

- "Merezco un amor que me haga sentir tranquila y libre, sin miedo."
- "No necesito sufrir para que alguien me ame."
- "Mi infancia no dicta mi destino, yo elijo el amor que quiero."
- "Elijo relaciones que me sumen, no que me resten."

Recuerda: Tú tienes la llave para cambiar tu historia.

LAS HERIDAS EMOCIONALES QUE TE ATAN A UNA RELACIÓN DE RIESGO

Desde la infancia, cada uno de nosotros desarrolla heridas emocionales que afectan profundamente nuestras relaciones. Si no sanamos estas heridas, pueden arrastrarnos a relaciones dolorosas en las que tratamos de compensar lo que nos faltó. A continuación, identifica qué herida resuena contigo y cómo puede estar influenciando tus relaciones actuales.

Herida de abandono: "Tengo miedo de que me dejen"

- **Origen:** Esta herida se forma cuando, en la infancia, experimentamos el abandono, ya sea físico o emocional, por parte de una figura importante (padre, madre, o cuidador).

⚠ **Cómo te puede llevar a una Relación de Riesgo:**

- Te aferras a relaciones que sabes que no son buenas, por miedo a quedarte sola.
- Toleras maltratos con la esperanza de que la otra persona cambie y no te deje.
- La ansiedad y el miedo al abandono te controlan.

Sanación:

- Aprende a disfrutar de tu propia compañía.
- Trabaja en tu autoestima, y recuerda que estar sola no es lo mismo que estar abandonada.
- Construye relaciones donde te sientas segura y valorada por lo que eres.

Herida de rechazo: "Siento que nunca soy suficiente"

Origen: aparece cuando nos critican o invalidan en nuestra infancia, o cuando se nos exige ser perfectos para ser aceptados.

⚠ **Cómo te puede llevar a una Relación de Riesgo:**

- Te esfuerzas más de lo que deberías para ganarte el amor de otros.
- Te atraen personas frías o distantes, porque refuerzan la creencia de que no eres suficiente.
- Aceptas menos de lo que mereces por miedo al rechazo.

Sanación:

- Acepta que no tienes que demostrar tu valor a nadie.
- Rodéate de quienes te acepten tal y como eres.
- Aprende a decir "no" sin sentir culpa, porque tu valía no depende de la aprobación ajena.

Herida de humillación: "Me da miedo que me hagan sentir pequeña"

Origen: se forma cuando, en la infancia, somos avergonzados o criticados constantemente.

⚠ **Cómo te puede llevar a una Relación de Riesgo:**

- Te quedas en relaciones donde te menosprecian o te hacen sentir insignificante.
- No te sientes merecedora de amor sano y crees que debes aceptar todo tipo de maltrato.

Sanación:

- Reconoce tu propio valor y trabaja en tu autoestima.
- Rodéate de personas que te respeten y te valoren genuinamente.
- Aprende a poner límites sin miedo a perder el amor de los demás.

Herida de traición: "Me cuesta confiar en los demás"

Origen: Se desarrolla cuando una figura de confianza (como un padre o cuidador) rompió promesas o no cumplió con lo que decía. Tal vez hubo engaños, infidelidades en la familia o situaciones de abuso de confianza.

⚠ **Cómo te puede llevar a una Relación de Riesgo:**

- Atraes parejas que son infieles o deshonestas, repitiendo el patrón de la traición.
- Te vuelves controladora en una relación porque temes que te lastimen.
- Sientes la necesidad de probar que eres más fuerte que los demás y evitas mostrar vulnerabilidad.
- Desconfías de los demás incluso cuando no te han dado motivos para hacerlo.

Sanación:

- Aprende a diferenciar entre el pasado y el presente. No todas las personas te van a traicionar.
- Trabaja en construir relaciones con comunicación y honestidad.
- Aprende a soltar el control y a confiar en que puedes manejar cualquier situación.

Herida de injusticia: "Todo debe ser perfecto para que me quieran"

Origen: Se da cuando en la infancia hubo exigencias extremas, reglas inflexibles o un ambiente donde el afecto dependía del rendimiento o la perfección.

⚠ **Cómo te puede llevar a una Relación de Riesgo:**

- Te exiges demasiado en una relación y piensas que si fallas en algo, perderás el amor de la otra persona.

- Buscas relaciones con personas rígidas, frías o distantes porque te resultan familiares.
- Te cuesta expresar tus emociones porque sientes que es una "debilidad".
- Crees que el amor debe ganarse con esfuerzo, en lugar de ser algo natural y recíproco.

Sanación:

- Acepta que no tienes que ser perfecta para merecer amor.
- Permítete ser vulnerable y expresar lo que sientes sin miedo a ser juzgada.
- Rodéate de personas que valoren quién eres, no solo lo que haces.

TU HERIDA NO TE DEFINE, PERO SÍ PUEDE TRANSFORMARTE

Si identificaste una o más de estas heridas en ti, no significa que estás condenada a repetirlas. Lo importante es que ahora eres consciente de ellas y puedes empezar a sanarlas.

Escribe una carta a tu versión más joven, dile lo que te hubiera gustado escuchar cuando eras niña, recordándole que merece amor sano y libre de sufrimiento.

"No soy mi pasado. Hoy elijo construir un futuro sin miedo y sin cadenas."

3.

Hablemos de disonancia cognitiva y vinculación por trauma

"Retener es creer que solo existe el pasado, dejar ir es saber que hay un futuro".

Daphne Rose Kingma

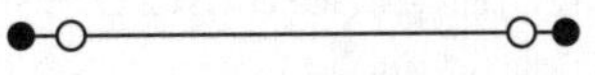

¿POR QUÉ SI LA RELACIÓN ME DUELE, ME QUEDO?

Quizá hoy te miraste al espejo con una sensación de vacío en el pecho. Sabes que algo no está bien, que esta relación te roba más de lo que te da, que el amor no debería sentirse así. Tal vez has intentado irte, has jurado que esta vez será la última, pero luego viene un mensaje, un gesto, una disculpa, y vuelves a caer en la misma historia.

Tu mente te dice una cosa, pero tu corazón parece gritar otra. ¿Por qué nos aferramos tanto a alguien que nos lastima? ¿Por qué justificamos lo injustificable? ¿Por qué es tan difícil salir?

No eres débil. No eres tonta. No estás loca. Estás atrapada en una trampa psicológica que tu cerebro ha creado para protegerte, pero que en realidad te está hundiendo.

Aquí es donde entran en juego dos conceptos clave: la disonancia cognitiva y la vinculación por trauma.

El concepto de disonancia cognitiva fue acuñado por el psicólogo estadounidense Leon Festinger en su libro *Teoría de la disonancia cognoscitiva* (1957). En este texto, Festinger propuso que las personas experimentan una sensación de incomodidad psicológica cuando sostienen dos pensamientos, creencias o valores que entran en conflicto, o cuando su comportamiento contradice lo que creen. Este malestar genera una presión interna que impulsa a la persona a reducir la disonancia, ya sea cambiando su conducta, ajustando sus creencias o reinterpretando la información para que encaje con su narrativa interna.

Desde un punto de vista evolutivo, la coherencia psicológica es fundamental para la supervivencia. Nuestro cerebro está diseñado para evitar contradicciones internas porque estas generan un estado de alerta en el sistema nervioso, activando el eje hipotálamo–hipófisis–suprarrenal (HHS), que regula nuestra respuesta al estrés. Cuando experimentamos disonancia cognitiva, el cuerpo responde liberando cortisol, la hormona del estrés, lo que puede provocar síntomas físicos como ansiedad, inquietud, incluso insomnio. En un intento por reducir ese malestar, la mente busca desesperadamente una justificación o una solución rápida, aunque no sea la más saludable o lógica.

Para entenderlo mejor, pensemos en un fumador crónico. Esta persona ha fumado toda su vida, pero cada vez recibe más información sobre los daños del cigarro en la salud. Aquí ocurre una contradicción entre su conducta (fumar) y la información (el cigarro es perjudicial). Para evitar la incomodidad emocional que le provoca esta contradicción, tiene tres opciones:

1. **Cambiar su comportamiento:** dejar de fumar.
2. **Modificar su creencia:** convencerse de que el cigarro no es tan dañino ("mi abuelo fumó toda su vida y vivió 90 años").

3. **Reinterpretar la información:** buscar estudios que minimicen los efectos negativos del tabaco o exagerar los beneficios de fumar para reducir su ansiedad.

Este fenómeno explica por qué, incluso cuando sabemos que algo es dañino para nosotros, encontramos maneras de justificarlo y seguir en la misma dinámica.

Por naturaleza, evitamos estas contradicciones porque generan un estado de tensión psicológica. Nuestro cerebro busca el equilibrio a toda costa, incluso si eso significa engañarnos. Cuando estas variables (creencias, conducta e información) entran en conflicto, el malestar generado puede ser tan fuerte que el cerebro activa estrategias automáticas para reducirlo, alterando nuestra percepción de la realidad.

Aquí es donde entra en juego nuestro sistema de recompensa. El cerebro humano está programado para buscar gratificación inmediata y evitar el dolor. Cuando nos enfrentamos a una disonancia, la corteza prefrontal –responsable del pensamiento lógico y la toma de decisiones– lucha contra el sistema límbico, que busca el placer instantáneo y el alivio rápido del malestar. Es por eso que tendemos a elegir la opción que nos dé el menor sufrimiento en el momento, aunque en el largo plazo sea la más dañina.

Este mecanismo es fundamental para entender por qué una persona permanece en una Relación de Riesgo (RdR), aun sabiendo que le hace daño. La mente entra en un estado de confusión: "Si me ama, ¿por qué me trata así?", lo que genera disonancia cognitiva. Para reducir el malestar, la persona reinterpreta la situación, minimiza el daño, justifica el comportamiento del otro y se culpa. Su cerebro está tratando de aliviar el dolor inmediato, aunque eso signifique continuar en una relación destructiva.

¿ESTO QUÉ TIENE QUE VER CON UNA RELACIÓN DE RIESGO (RdR)?

¡MUCHO! Entender hasta las entrañas este fascinante descubrimiento que hizo León Festinger es la clave para comprender por qué las personas, incluso sabiendo que están en una Relación de Riesgo (RdR) y rodeadas de red flags, deciden quedarse. La disonancia cognitiva no es solo una teoría psicológica, es un fenómeno que afecta nuestra capacidad de tomar decisiones racionales cuando estamos emocionalmente involucrados.

Nuestro cerebro está diseñado para buscar el equilibrio entre lo que pensamos, sentimos y hacemos. Pero cuando una Relación se vuelve de Riesgo, esta coherencia se rompe y entra en juego el principio de consistencia cognitiva, un mecanismo que nos empuja a encontrar justificaciones para reducir el estrés psicológico. En este caso, el maltrato y el amor no encajan en la misma ecuación, por lo que la mente se ve forzada a modificar alguno de los elementos para aliviar la angustia.

Piensa en esto: Si una persona a la que amas profundamente te hace daño, tienes dos opciones para resolver el conflicto interno:

1. **Aceptar que esa persona no te ama realmente** (pero esto conlleva dolor, duelo y la necesidad de actuar, lo cual da miedo).
2. **Convencerte de que, a pesar de sus fallas, en el fondo sí te ama y que su maltrato tiene una justificación.**

Tu mente, buscando evitar el dolor inmediato, elige la segunda opción. Así comienzas a racionalizar la conducta de tu pareja:

- "Si me grita es porque está estresado".
- "Si me engañó es porque se sintió descuidado".
- "Si me humilla es porque quiere que sea mejor persona".

Estas distorsiones cognitivas reducen el malestar, pero a un alto costo: te atan emocionalmente a una relación dañina. Se trata de un autoengaño inconsciente que minimiza el peligro y refuerza la permanencia en la RdR.

CUANDO EL AUTOENGAÑO SE CONVIERTE EN CULPA

La disonancia cognitiva es un mecanismo de defensa que, cuando no se resuelve de manera saludable, se traduce en culpa y autoexigencia. En lugar de reconocer el daño, la persona justifica su permanencia en la relación cambiando su propia conducta o creencias:

- "Me fue infiel porque estoy gorda. Entonces la solución es bajar de peso".
- "Se enojó conmigo porque no sé cocinar. Entonces la solución es asistir a clases de cocina".
- "Se pone celoso cuando me visto con minifaldas. Entonces la solución es vestirme más acorde con mi edad".

No importa si bajas de peso, si cocinas como para ser premiada con una estrella Michelin o si te vistes con faldas hasta los tobillos, el Rol Amenazante (RA), demandará más y más de ti y te dejará con la sensación de que no eres suficiente y que su comportamiento es tu culpa. Es muy difícil aceptar que nuestro padre fue un patán, que no conseguimos el puesto "x" que tanto deseábamos, que no elegimos bien a la pareja o que nos da miedo enfrentar la vida estando solas. Está bien sentir enojo, tristeza y decepción porque tuvimos un padre que no fue amoroso, porque no fuimos seleccionados para el cargo soñado y porque elegimos mal a nuestra pareja. Lo que debemos hacer es tocar esa emoción, no justificarla y aceptar la realidad para sanar e integrar nuestro ser.

EL REFUERZO INTERMITENTE: LA TRAMPA INVISIBLE QUE TE MANTIENE ATADA

Aquí entra en juego otro factor fundamental: el refuerzo intermitente, un fenómeno que la neurociencia ha estudiado ampliamente. Cuando una persona recibe amor y maltrato de manera impredecible, el cerebro libera dopamina en respuesta a los momentos buenos, haciendo que la víctima desarrolle una adicción emocional. La dopamina es el mismo neurotransmisor que refuerza comportamientos compulsivos en la adicción a sustancias, lo que significa que la Relación de Riesgo puede volverse tan adictiva como una droga.

En términos simples: tu mente crea la ilusión de que "si me esfuerzo más, lograré que todo sea como antes", lo que te mantiene atrapada en el ciclo de abuso.

Esto se debe a que el refuerzo intermitente no solo activa el sistema de recompensa cerebral, sino que también genera un condicionamiento similar al de las máquinas tragamonedas. No sabes cuándo vendrá la próxima "recompensa", pero sigues apostando, con la esperanza de que el próximo giro de la ruleta finalmente te traiga el premio que anhelas. En una Relación de Riesgo, el "premio" es una muestra de afecto, una disculpa, un momento de ternura después del abuso. Esas migajas de amor refuerzan la permanencia y aumentan el enganche emocional.

EL CEREBRO EN UNA RELACIÓN DE RIESGO

Cuando estás atrapada en este ciclo, tu cerebro sufre cambios neuroquímicos profundos. El sistema límbico –la parte del cerebro encargada de las emociones– se ve hiperactivo, mientras que la corteza prefrontal –responsable de la toma de decisiones y el pensamiento racional– se debilita. Esto significa que, aunque conscientemente sepas que la relación es dañina, tu capacidad para actuar en consecuencia se ve afectada. Es como si estuvieras dentro de un laberinto sin salida.

Además de la dopamina, otros neurotransmisores juegan un papel fundamental en esta dinámica:

- **Oxitocina:** conocida como la "hormona del apego", se libera en los momentos de conexión con la pareja, reforzando el vínculo emocional incluso después del abuso.
- **Cortisol:** la hormona del estrés, aumenta durante los episodios de abuso y mantiene al cuerpo en un estado de hipervigilancia, dificultando la capacidad de razonar con claridad.
- **Serotonina:** su reducción provoca síntomas de ansiedad y depresión, lo que hace que el RV, Rol Vulnerable dependa aún más de la relación para obtener pequeños momentos de bienestar.

VINCULACIÓN POR TRAUMA: EL LAZO INVISIBLE QUE NOS ENCADENA

Sin embargo, si sigues justificando tu estadía en una Relación de Riesgo (RdR), se activará otro mecanismo de defensa aún más profundo: la vinculación por trauma.

Quizá no hayas escuchado este término antes, pero si alguna vez te has sentido emocionalmente incapaz de dejar una relación que te lastima, es muy probable que lo hayas vivido. La vinculación por trauma es un lazo emocional disfuncional que se forma entre una persona y su Rol Amenazante, reforzado por ciclos de abuso seguidos de momentos de consuelo y "reparación".

Esta vinculación es especialmente poderosa porque involucra respuestas neuroquímicas y psicológicas que generan una dependencia emocional difícil de romper. El Rol Amenazante (RA) no solo hiere con su abuso, sino que también ofrece momentos de afecto y arrepentimiento que activan el sistema de recompensa del cerebro. El Rol Vulnerable (RV), por su parte, internaliza la idea de que este ciclo de dolor y alivio es "normal" y comienza a desarrollar un apego insano que le impide irse.

Investigaciones han encontrado que muchas mujeres que viven una relación con vinculación por trauma son personas sumamente capaces, pero que cayeron en las redes de estos depredadores sociales. La experiencia vivida por estas mujeres fue humillante y vergonzosa, por ello les daba temor hablar. Cuando se vive una vinculación traumática el Rol Vulnerable (RV) se siente aislado e incapaz de obtener la ayuda necesaria para salir de la Relación de Riesgo (RdR).

¿CÓMO SE FORMA ESTA VINCULACIÓN?

Un vínculo traumático se forma debido a la respuesta natural del cuerpo al estrés crónico y la manipulación emocional. En una Relación de Riesgo (RdR), el cerebro entra en modo de supervivencia, activando sistemas de defensa que, paradójicamente, pueden mantenerte atrapada en el ciclo del abuso.

Cuando nos estresamos, el cerebro activa el sistema límbico que regula las emociones y la respuesta al miedo. La parte más primitiva del cerebro, el cerebro reptiliano (tronco encefálico y sistema reticular), se encarga de respuestas instintivas y automáticas, como el fight, flight, freeze o fawn (lucha, huida, congelamiento o sumisión).

¿QUÉ SUCEDE EN EL CEREBRO CUANDO EXPERIMENTAMOS ABUSO EMOCIONAL O FÍSICO?

- Se activa la amígdala, la estructura cerebral responsable de procesar el miedo.
- Se liberan altos niveles de cortisol y adrenalina, las hormonas del estrés, preparándote para luchar o huir.
- La corteza prefrontal, encargada del pensamiento racional y la toma de decisiones, se desactiva temporalmente debido al estado de alerta.
- Si el abuso es repetido, la amígdala se hiperactiva, lo que hace que cualquier estímulo negativo refuerce la sensación de miedo e indefensión.

Te comparto un dato científico que te va a interesar: un estudio del doctor Martin Teicher, de la Universidad de Harvard, encontró que el abuso crónico altera la estructura del cerebro, especialmente la corteza prefrontal y el hipocampo, afectando la capacidad de evaluar el peligro de forma objetiva (Teicher et al., 2006).

Por ello, cuando el Rol Amenazante (RA), después de un episodio violento, consuela al Rol Vulnerable (RV) con disculpas, afecto o promesas de cambio, el cerebro interpreta este acto como una señal de seguridad. Aquí es donde se consolida la vinculación por trauma.

Para que te quede más claro te pondré un ejemplo: el refuerzo intermitente y la vinculación por trauma en mi Relación de Riesgo con César.

El refuerzo intermitente y la vinculación por trauma no son solo teorías psicológicas, como sabes yo lo viví en carne propia. En ese momento, no tenía idea de lo que estaba pasando. Solo sabía que me sentía atrapada, que no podía soltarlo, que algo me hacía volver una y otra vez. Hoy entiendo que mi cerebro estaba enganchado a ese ciclo como si fuera una droga.

- **Día 1:** César me insultaba y me humillaba sin piedad. De la nada, me decía que era una puta, que no servía para nada, que era una mujer tonta, que no tenía valor. Sus palabras eran cuchillos que se clavaban en mi autoestima, desangrando mi amor propio.
- **Día 2:** No me hablaba. Se desaparecía. Quizá se iba con sus amigos, salía a comer y me dejaba en casa sintiéndome invisible. Me aplicaba la ley del hielo, restringiéndome el afecto como castigo. Mi ansiedad crecía porque mi cerebro interpretaba su ausencia como una amenaza a mi seguridad emocional.

- **Día 3:** Regresaba con flores, con mariachis, con promesas de amor eterno. Me decía que no podía vivir sin mí, que era un tonto, que lo perdonara, que yo era la mujer de su vida. Y yo, agotada por el dolor de los días previos, sentía un alivio tan grande que terminaba creyéndole.

En ese momento, mi cerebro experimentaba un subidón de dopamina, la misma sustancia que genera placer y refuerza el apego en situaciones de recompensa. Cada vez que venía un episodio de afecto después del abuso, la parte racional de mi cerebro se desconectaba y mi sistema de recompensa reforzaba la idea de que la relación valía la pena. ¿Ves? es así como cada vez me vinculaba más a mi Rol Amenazante por el trauma generado.

¿SABÍAS QUE EL AMOR PUEDE FUNCIONAR COMO UNA DROGA?

La doctora Helen Fisher, una de las principales investigadoras sobre el amor y el cerebro, descubrió que el amor romántico activa las mismas áreas cerebrales que la adicción a la cocaína. Sí, leíste bien. Cuando estamos enamoradas, nuestro cerebro libera una avalancha de dopamina que nos hace sentir eufóricas y nos engancha a esa persona, incluso si nos hace daño.

Y aquí es donde entra el refuerzo intermitente: la combinación de abuso y "amor" genera un cóctel químico en tu cerebro que refuerza la vinculación por trauma y la dependencia emocional.

- ✓ La incertidumbre aumenta la dopamina. No saber cuándo vendrá la próxima "recompensa" hace que la desees más.

- ✓ El alivio después del maltrato genera apego. Tu cerebro registra el afecto como un "rescate" después del sufrimiento.
- ✓ La esperanza se vuelve una trampa. Te aferras a los momentos buenos, creyendo que, si te esfuerzas lo suficiente, él cambiará.

Es como una maquinita tragamonedas en Las Vegas: sabes que, en algún momento, vendrá un premio, pero no tienes idea de cuándo ni de qué tamaño. Y eso es lo que te mantiene jugando. Cada vez que, después de un castigo, viene un premio, tu cerebro refuerza la idea de que vale la pena seguir apostando.

En términos simples: mi mente creó la ilusión de que "si me esfuerzo más, lograré que todo sea como antes." Y así, el refuerzo intermitente me mantuvo atrapada en la Relación de Riesgo con César, alimentando la esperanza de que, un día, él realmente cambiaría y fortaleciendo más y más el vínculo traumático.

¿Te suena familiar? Si te has sentido así, no es tu culpa. No es porque seas débil o porque "te gusta sufrir". Es porque tu cerebro ha sido programado para engancharse.

Pero aquí viene la mejor parte: si el cerebro puede ser programado para quedarse, también puede ser reprogramado para salir (esa parte viene después, pero quiero que sepas que hay una salida, y que te voy a acompañar en este proceso).

¿DÓNDE SE PUEDE DESARROLLAR LA VINCULACIÓN POR TRAUMA?

Este fenómeno no se da solo en relaciones de pareja, sino en cualquier contexto en el que una persona abuse de otra. Los vínculos traumáticos pueden formarse en:

- ✔ Abuso doméstico: relaciones de pareja con violencia emocional, física o psicológica.
- ✔ Abuso infantil: padres o cuidadores que alternan castigos severos con momentos de cariño extremo.
- ✔ Incesto: abusadores dentro de la familia que manipulan a la víctima con "amor condicional".
- ✔ Abuso hacia personas de la tercera edad: adultos mayores dependientes que sufren maltrato de sus cuidadores.
- ✔ Mobbing o abuso laboral: jefes o compañeros de trabajo que alternan maltrato con validación ocasional.
- ✔ Bullying o abuso escolar: acoso donde el agresor da señales de amistad de manera intermitente.
- ✔ Secuestro o toma de rehenes: las víctimas desarrollan el Síndrome de Estocolmo, justificando la conducta del secuestrador.
- ✔ Trata de personas: víctimas que llegan a desarrollar lealtad hacia su explotador.
- ✔ Extremismo religioso / cultos: líderes que alternan manipulación con promesas de salvación.

SIGNOS DE VINCULACIÓN POR TRAUMA

Hay varios signos o señales que indican que nos vinculamos por trauma o que nos dejan saber que el vínculo comienza a formarse. La señal clave es que el RA justifica o defiende el abuso a su víctima, el RV.

"Mira lo que me hiciste hacer...
Si tú no te portaras así,

**yo no tendría que pegarte.
Me sacas de mis casillas."**

Aquí entra en juego un mecanismo de manipulación conocido como desplazamiento de la culpa, una estrategia que los agresores (Roles Amenazantes) utilizan para evadir la responsabilidad de sus actos y hacer que la víctima asuma la carga emocional y moral de la violencia. Esto genera en el RV una profunda confusión, haciéndole creer que la solución es cambiar su propio comportamiento en lugar de alejarse de quien lo maltrata.

La neurociencia ha demostrado que, cuando una persona es sometida a ciclos de abuso y recompensa, su cerebro activa el circuito de recompensa dopaminérgico, el mismo sistema que se activa en una adicción a sustancias como la nicotina o la cocaína. La doctora Helen Fisher, antropóloga y experta en neurobiología del amor, explica que el apego romántico puede generar niveles de dependencia equivalentes a los de una adicción química. Su investigación con resonancia magnética funcional (fMRI) ha revelado que, en una Relación de Riesgo, el cerebro del RV se enciende en las mismas áreas que el de una persona adicta cuando intenta dejar una droga.

Este patrón de dependencia emocional se refuerza cuando el RV internaliza la culpa y adopta estrategias inconscientes para justificar la relación:

- ✓ El Rol Vulnerable (RV) está de acuerdo con las razones de su agresor, el RA. Esto es el resultado del *gaslighting* y la disonancia cognitiva que se genera en la relación. La víctima llega a pensar: "Si yo no hubiera contestado así, él no habría reaccionado de esa manera".

- ✓ El Rol Vulnerable (RV) intenta cubrir el abuso. Siente que exponer la situación lo haría ver débil o provocaría más violencia. Puede mentir a sus amigos o familia, minimizar lo ocurrido, e incluso proteger la reputación del agresor.
- ✓ El Rol Vulnerable (RV) se separa y/o discute con quien le quiere ayudar o de quien le quiere abrir los ojos. Aquí se activa la disonancia cognitiva de la que hablamos antes: cuando una realidad externa amenaza con contradecir la narrativa que la víctima ha construido para sí misma, el cerebro reacciona con resistencia.
- ✓ El Rol Vulnerable (RV) se pone hostil ante el intento de intervención o de ayuda cuando tratan de prevenir el abuso. Alguien le dice: "Esto no es normal, no deberías tolerarlo", pero en lugar de aceptar la verdad, la víctima se molesta, defiende al agresor y se aleja de quienes le advierten del peligro.
- ✓ El Rol Vulnerable (RV) se niega a dejar a su RA. El miedo a la soledad, la falta de autoestima y la esperanza de que "todo cambiará" lo mantienen atado a la relación.

La American Psychological Association (APA) ha identificado que las personas atrapadas en vínculos traumáticos pueden desarrollar síntomas similares a los de un síndrome de abstinencia cuando intentan salir de la relación. La ansiedad, el insomnio, la depresión y la sensación de "no poder vivir sin esa persona" no son señales de amor verdadero, sino indicadores de un cerebro secuestrado por la manipulación emocional.

En conclusión, cuando estás en una Relación de Riesgo (RdR), tu mente se convierte en un laberinto de trampas psicológicas. Primero, la disonancia cognitiva te hace justificar lo injustificable, encontrando razones para minimizar el abuso y convenciendo a tu cerebro de que todo tiene una explicación. Luego, el refuerzo intermitente refuerza esa justificación, haciéndote experimentar pequeñas dosis de amor y afecto después del daño, creando una adicción emocional similar a la de una droga. Esta montaña rusa de emociones desgasta tu percepción de la realidad y activa la vinculación por trauma, haciendo que, en lugar de huir, te aferres aún más a la persona que te hiere. Con el tiempo, todo esto desemboca en una dependencia emocional que te hace sentir que sin tu Rol Amenazante (RA) no puedes sobrevivir, que nadie más te va a querer o que fuera de esa relación no hay vida. Y en este estado de vulnerabilidad extrema, entran en juego tácticas aún más sofisticadas de manipulación, como el *gaslighting* y la triangulación, que terminan de distorsionar tu percepción y debilitarte emocionalmente.

Pero aquí está la buena noticia: romper un vínculo por trauma es un desafío, pero nada es imposible.

El primer paso es identificar estos signos y entender que el problema no eres tú. No es que "no seas suficiente" o que "si te esforzaras más, todo cambiaría". El problema es el abuso en sí, y la estructura de manipulación en la que te has visto atrapada.

Reconocerlo es el principio de tu liberación.

GASLIGHTING: CUANDO, LITERALMENTE, LA REALIDAD SUPERA LA FICCIÓN

En el asiento de copiloto y mientras los gritos alterados de César se convertían en ruido de fondo, le di a mi mente la orden de trabajar horas extras. Una serie de pensamientos desfilaron para mí. ¿Y si realmente había rozado mis pies con los de Juan, el esposo de la amiga de César, por debajo de la mesa? ¿Sería posible? Quizá él me tocó insinuando algo y no me di cuenta. ¿Me di cuenta? ¿Me gustó? ¿No me gustó? ¿Sucedió? ¡Claro que no sucedió, Loretta!

El diálogo interno estaba a toda marcha y sin descanso. En ese momento yo no sabía que estaba ocupando la posición del Rol Vulnerable (RV) gracias a una técnica tan sutil, que resulta casi imperceptible. Pero por tenue no dejaba de ser muy peligrosa. Y es que este jueguito macabro de César me hacía dudar hasta de mis propios actos, de mi propia verdad y realidad.

¿QUÉ ESTABA PASANDO EN MI CEREBRO EN ESE MOMENTO?

Cuando una persona es víctima de *gaslighting*, su cerebro entra en un estado de estrés y confusión constante. La amígdala, la parte del cerebro encargada de detectar el peligro, se hiperactiva, mientras que la corteza prefrontal –responsable del pensamiento lógico– se ve afectada. Como resultado, comienzas a dudar de tus propios recuerdos y percepciones, lo que te lleva a depender más de la versión de la realidad que impone el Rol Amenazante (RA).

El *gaslighting* no solo mina la confianza en nosotras mismas, también activa el mismo circuito de recompensa que el refuerzo intermitente. Tu cerebro se aferra a los momentos de validación y afecto, creyendo que, si te esfuerzas lo suficiente, puedes recuperar la relación que crees que una vez tuviste.

¿DE DÓNDE VIENE EL TÉRMINO *GASLIGHTING*?

El *gaslighting* es una técnica de manipulación emocional y mental muy sutil, pero eficaz a la hora de causar daño. Su origen se remonta a 1938 cuando se estrenó en Londres una obra teatral de suspenso llamada *Gas Light*, escrita por el dramaturgo británico Patrick Hamilton. Esta obra luego fue adaptada al cine en 1944 bajo el título de *Gaslight*, y fue dirigida por George Cukor y protagonizada por Ingrid Bergman y Charles Boyer.

La obra nos presenta a Jack y su esposa Bella, quien tiene el Rol Vulnerable (RV) dentro de la relación. La motivación del protagonista es robar a su mujer y, para lograrlo, se ha propuesto volverla completamente loca a través de la manipulación. La técnica que resulta más efectiva es la de manipular el brillo de las lámparas de gas que hay en la casa, para que ella comience a cuestionar su propia cordura. El abuso lleva a Bella a dudar de su percepción de la realidad, por lo que termina completamente vulnerable y dependiente de su agresor, RA.

En 1961 se popularizó el uso del nombre de esta obra como coloquialismo. En este contexto, el *gaslighting* (empleado como verbo) hace alusión al acto de manipular a una o más personas tomando como referencia las técnicas empleadas por Jack. En español debería ser "Luz de gas", pero para efectos prácticos de aprendizaje seguiré usando *gaslighting.*

Tú ves, no estás loca. No estás exagerando. No eres demasiado sensible. Lo que has sentido es real, y lo que has vivido tiene nombre. El *gaslighting* es una herramienta de manipulación tan efectiva que hace que dudes de ti misma, que te preguntes si lo que viste, escuchaste o sentiste fue producto de tu imaginación. Pero no lo fue. Es una estrategia cuidadosamente diseñada para debilitar tu confianza y hacerte más dependiente del Rol Amenazante (RA). Y aquí es donde entra en juego otra táctica igual de peligrosa: la triangulación, una técnica que no solo te hace dudar de tu propia percepción, sino que también introduce a un tercero en la ecuación para desgastarte aún más.

TRIANGULACIÓN: LA TERCERA PERSONA

Era domingo y estábamos echados en el sofá de la casa, mientras César paseaba por los canales de la televisión en busca de algo que pudiéramos ver. Entonces se detuvo en un canal. Me sorprendí, porque no era el tipo de programación que él solía disfrutar. En pantalla se veía a una conductora guapísima: alta, delgada, pero con una silueta curvilínea, cabello largo y rubio, como acariciado por el sol.

—¡Wow! Qué mujer tan guapa —dijo interrumpiendo el silencio entre nosotros.

—Sí, muy linda —respondí. César siguió.

—Me encantan las mujeres altas, rubias, delgadas...

Ya no sabía si él sabía que estaba con su esposa o si pensaba que estaba con su grupo de amigos. La forma en que se expresaba tenía una carga lujuriosa que, dentro de nuestro contexto, me resultaba repulsiva.

Pero a la vez, había despertado a la Loretta celosa y con ello su estrategia de triangulación había dado justo en el blanco. Y claro, cómo no sentir inseguridad si yo soy una mujer chaparrita, de pelo oscuro y, en ese momento, con unos kilitos de más. En segundos me sentí la persona menos atractiva del mundo y casi que agradecí por el hecho de tener a un hombre conmigo.

La triangulación puede ser un arma mortal, porque invita a tu inconsciente a pensar: "¿Así quién me va a querer fuera de esta relación?" Entonces, el terreno minado termina por convertirse en el refugio seguro.

¿QUÉ ES LA TRIANGULACIÓN Y POR QUÉ FUNCIONA?

La triangulación es un término usado en psicología y terapia familiar que describe una táctica de manipulación donde una tercera persona es utilizada para alterar la comunicación o las relaciones entre dos individuos. En el contexto de una Relación de Riesgo (RdR), la triangulación se emplea como una estrategia para ejercer control, sembrar inseguridad y crear una sensación de competencia por la validación del agresor. También es una táctica para generar celos y confusión, asegurando que la víctima se mantenga en un estado constante de duda y necesidad de aprobación.

¿SABÍAS QUE...?

El psicólogo Paul Watzlawick, en su teoría de la comunicación, explicó cómo las dinámicas triangulares generan distorsión en la percepción de la realidad. Cuando se introduce a una tercera persona como punto de comparación, se manipula la autovaloración del Rol Vulnerable y se refuerza su dependencia al Rol Amenazante.

Un individuo (A) que utiliza la triangulación puede llevar información o distorsionar hechos cuando interactúa con otra persona (B) sobre un tercer individuo (C). En lugar de interactuar directamente con C, A utiliza a B como un conducto, a menudo alterando la realidad o sembrando semillas de duda y conflicto para manipular las percepciones y relaciones entre B y C.

Este mecanismo afecta directamente la autoestima, activando el miedo al abandono y generando una respuesta en el sistema de recompensa del cerebro. Estudios en neurociencia han demostrado que cuando una persona percibe amenaza en su relación (por ejemplo, sentirse reemplazada), el cerebro activa simultáneamente dos sistemas opuestos:

1. **El sistema de amenaza** (amígdala y eje hipotálamo-hipófisis-suprarrenal), que genera ansiedad y miedo a ser desplazado.
2. **El sistema de recompensa** (liberación de dopamina y oxitocina), que refuerza la necesidad de recuperar la validación del agresor.

Es por eso que cuando el RA te compara o introduce a una tercera persona en la ecuación, tu cerebro entra en estado de alerta. Quieres recuperar su atención, demostrar que vales más que la otra persona y evitar el rechazo a toda costa. Esto te vuelve más sumisa, más dependiente, más controlable.

EL IMPACTO DE LA TRIANGULACIÓN EN UNA RELACIÓN DE RIESGO

La triangulación, especialmente en la Relación de Riesgo (RdR), puede desencadenar un ambiente cargado de tensión, desconfianza y conflictos persistentes. Las partes involucradas pueden experimentar frustración, confusión y desgaste emocional debido a las constantes malinterpretaciones y conflictos que se generan a partir de esta manipulación.

Además, la comunicación directa y saludable entre las partes se ve obstruida, creando un terreno fértil para más toxicidad y malentendidos. Muchas veces, la víctima no se da cuenta de que está cayendo en este juego, porque su mente está ocupada en intentar "ganar" el amor y la validación del agresor. Es un ciclo que solo refuerza la dependencia emocional.

Es vital reconocer e intervenir en patrones de triangulación para restablecer canales de comunicación saludables y auténticos entre las partes afectadas. A menudo, este proceso requiere de la ayuda de la terapia profesional.

EL PAPEL DEL *GASLIGHTING* Y LA TRIANGULACIÓN EN TU RELACIÓN DE RIESGO

Romper un vínculo marcado por el trauma es un desafío que requiere tiempo, pero no es imposible. Para lograrlo, es esencial reconocer las tácticas de manipulación que han sido usadas en tu contra y comenzar a desmantelarlas, una por una.

Cuando has estado en una Relación de Riesgo (RdR), la disonancia cognitiva ha cumplido su propósito: te ha llevado a justificar lo injustificable, a minimizar el daño y a encontrar razones para quedarte.

El *gaslighting* ha sembrado dudas en tu mente, haciéndote cuestionar tu propia percepción de la realidad.

Y la triangulación ha desgastado tu autoestima hasta hacerte creer que fuera de esa relación no hay un refugio para ti.

Pero aquí está la verdad: sí hay un refugio. Y ese refugio eres tú.

El siguiente paso es empezar a reconstruir la relación más importante de tu vida: La que tienes contigo.

LA TRAMPA EMOCIONAL QUE NO TE DEJA SALIR

Cuando estás en una Relación de Riesgo (RdR), no solo estás atrapada emocionalmente, sino también a nivel químico. Tu cerebro ha aprendido a depender de esta relación porque genera sustancias como la dopamina, la oxitocina, la adrenalina y la serotonina, que refuerzan el apego y hacen que te sea difícil salir. Pero, así como tu cerebro ha sido programado para engancharse a esta relación, también puedes reprogramarlo para liberarte.

Ejercicio: ¿Estás atrapada en una trampa emocional?

Responde Sí o No a cada pregunta. Si respondes "Sí" a más de cinco preguntas, es probable que estés enredada en una trampa emocional sin darte cuenta.

1. ¿Sientes que te trata bien a veces y te quedas esperando esos momentos?
2. ¿Aunque sabes que te hace daño, sientes que no puedes dejarlo?
3. ¿Te repites que, si lo intentas un poco más, la relación mejorará?
4. ¿Te duele ver lo que ha pasado, pero prefieres recordar los momentos buenos?
5. ¿Cuando piensas en irte, sientes miedo, culpa o ansiedad?
6. ¿Cuando intentas alejarte, él cambia por un tiempo, y eso te hace dudar?

7. ¿Sientes que, si lo dejas, perderás algo importante de ti misma?
8. ¿Sigues justificándolo a pesar de que ha demostrado que no cambiará?
9. ¿Sientes que él tiene un control sobre ti que no puedes explicar?
10. ¿Te has preguntado más de una vez por qué sigues ahí?

Como te lo dije al inicio del ejercicio, si contestaste "Sí" a cinco preguntas, es posible que tu mente y tu cuerpo estén atrapados en una trampa emocional. Esto no significa que no puedas salir, solo que necesitas entender cómo desconectar el gancho emocional que te mantiene ahí.

LA QUÍMICA DE LA ADICCIÓN EMOCIONAL: ¿POR QUÉ SIGUES ATRAPADA?

Las Relaciones de Riesgo no solo te enganchan emocionalmente, también químicamente.

Tu cuerpo genera ciertas sustancias que refuerzan la dependencia emocional, haciéndote sentir atrapada, aunque sepas que esa relación te hace daño. A continuación, te explico cuáles son esas sustancias y cómo puedes empezar a liberarte de ellas de forma saludable.

Dopamina: la droga del "amor intermitente"

Es el neurotransmisor del placer y la recompensa. Se activa cuando recibes algo que te hace sentir bien. En una RdR, tu cerebro libera dopamina cuando él te da una pequeña "dosis" de amor después de haberte ignorado o maltratado, lo que refuerza la adicción.

Cómo reemplazarla: haz ejercicio, aprende algo nuevo, reta tu mente y establece metas que te den satisfacción personal.

Oxitocina: la hormona del apego y el peligro de la nostalgia

Es la hormona del vínculo y el apego. Se libera cuando tienes contacto físico o emocional con alguien. En una RdR, tu cerebro libera oxitocina cuando él te abraza, te besa o te dice palabras bonitas, reforzando el apego incluso después de momentos de maltrato.

Cómo reemplazarla: crea vínculos sanos con otras personas, dale amor a tu cuerpo con autocuidado y rodéate de afecto real.

Adrenalina y Cortisol: la montaña rusa emocional

Son las hormonas del estrés y la supervivencia. En una RdR, el caos emocional y la incertidumbre generan adrenalina y cortisol, creando una sensación de adicción al drama.

Cómo reemplazarlas: cambia el caos por retos personales, practica deportes, aprende algo nuevo y dale estabilidad a tu vida.

Serotonina: el antídoto contra la dependencia emocional

Regula el estado de ánimo y la autoestima. En una RdR, el maltrato y la manipulación reducen los niveles de serotonina, haciéndote sentir insegura y con baja autoestima.

Cómo aumentarla: cuida tu bienestar emocional y físico, rodéate de personas que te eleven y enfócate en lo que sí tienes en lugar de lo que perdiste.

Test: ¿Qué sustancia química te mantiene atrapada en tu relación?

Contesta cada pregunta seleccionando la opción que mejor describa tu situación. Al final, suma cuántas respuestas A, B, C o D tienes. Según tu resultado, descubrirás qué neurotransmisor está más activo en tu relación y qué puedes hacer para equilibrarlo.

1. **Cuando él me da atención y cariño...**
   A) Me siento eufórica, como si volviera a ser la mujer más importante de su vida.
   B) Siento una profunda conexión, como si él fuera la única persona que realmente me entiende.
   C) Siento un alivio enorme, como si finalmente todo volviera a la calma.
   D) Siento que mi estado de ánimo mejora, como si todo en mi vida tuviera más sentido.

2. **Cuando él me ignora o se aleja...**
   A) Me desespero, quiero que me vuelva a escribir o buscar.
   B) Me siento vacía, como si me hubieran arrancado algo dentro de mí.
   C) Me pongo ansiosa, con el corazón acelerado y una sensación de peligro.
   D) Me deprimo, pierdo la motivación y dudo de mí misma.

3. Cuando él regresa después de haberse alejado...

A) Siento un subidón de emoción, como si ganara una apuesta.

B) Siento un alivio profundo, como si finalmente estuviera en casa otra vez.

C) Siento que mi cuerpo se relaja, como si hubiera estado en alerta máxima y ahora todo estuviera bien.

D) Siento que mi confianza en mí misma regresa poco a poco.

4. Cuando discutimos...

A) Me siento frustrada, pero también adicta a la emoción del conflicto.

B) Me aterra perderlo, prefiero ceder con tal de que la pelea termine.

C) Mi cuerpo se tensa, me dan palpitaciones, incluso náuseas.

D) Me siento cada vez más desgastada, como si perdiera una parte de mí.

5. Si él me dejara definitivamente...

A) Me costaría mucho superar la emoción de la incertidumbre, de no saber qué pasará después.

B) Me sentiría completamente sola, como si hubiera perdido la única relación que me hacía sentir amada.

C) Me sentiría en pánico, con ansiedad intensa y miedo a lo que vendrá.

D) Me sentiría hundida, sin motivación ni ganas de hacer nada.

Resultados del test: ¿Qué sustancia química te mantiene atrapada?

Si respondiste mayoría de A → DOPAMINA

Tu relación está llena de altos y bajos, de momentos intensos que te hacen sentir como si estuvieras "viviendo en una montaña rusa emocional". La dopamina es el neurotransmisor que está asociado con la recompensa y el placer, a menudo se activa en situaciones de incertidumbre y búsqueda de validación. Este patrón puede generar una dependencia de los altibajos emocionales, buscando una recompensa constante en la relación.

¿Qué hacer?

Aprender a disfrutar de la calma y de relaciones estables. Busca formas de sentirte satisfecha y completa por ti misma, fuera de las gratificaciones instantáneas. Practica la reflexión y la aceptación para encontrar equilibrio sin necesidad de validación externa.

☞ **Mensaje clave:** no necesitas una Relación de Riesgo para sentir placer. Puedes entrenar a tu cerebro para liberar dopamina de forma sana.

Si respondiste mayoría de B → OXITOCINA

La oxitocina es conocida como la "hormona del amor", y está relacionada con la conexión emocional profunda. Sientes que tu relación te da un sentido de seguridad, pero también te puedes sentir muy dependiente de esa conexión. El deseo de mantener la cercanía y la relación, incluso cuando no es saludable, está impulsado por esta sustancia.

¿Qué hacer?

Trabaja en fortalecer tu independencia emocional. A veces, el amor no significa dependencia, sino la capacidad de amarte y respetarte sin perder tu identidad. Crea vínculos sanos que te permitan sentirte conectada, pero también autónoma.

☞ **Mensaje clave:** no confundas apego con amor. El amor sano no genera angustia ni dependencia emocional.

Si respondiste mayoría de C → ADRENALINA Y CORTISOL

Este patrón sugiere que tu relación está llena de tensión y ansiedad. La adrenalina y el cortisol son responsables de la respuesta al estrés. Cuando tu pareja se aleja o hay conflictos, te genera una activación física y emocional que se siente como una amenaza constante, lo que hace que tu cuerpo se ponga en alerta.

¿Qué hacer?

Es importante buscar formas de reducir el estrés y la ansiedad. La meditación, la respiración profunda y establecer límites claros pueden ayudarte a disminuir el impacto de estas respuestas físicas. Prioriza tu paz mental y emocional; no te sientas obligada a seguir en relaciones que te generen constantemente un estado de alerta.

☞ **Mensaje clave:** si sientes que sin drama tu vida es aburrida, es porque te acostumbraste al caos. Pero la paz no es aburrida, es libertad.

Si respondiste mayoría de D → SEROTONINA

La serotonina está vinculada al bienestar y al equilibrio emocional. Si la mayoría de tus respuestas están alineadas con esta sustancia, es probable que tu relación te haga sentir, en su mayoría, tranquila, pero también puede que haya una sensación de falta de motivación o de propósito. La serotonina puede generar la sensación de conformidad, lo que puede llevarte a quedarte en una relación que no te permite crecer.

¿Qué hacer?

Es vital que trabajes en recuperar tu motivación y propósito personal fuera de la relación. Establece metas personales y busca actividades que te hagan sentir realizada tú sola. No te conformes con lo que ya tienes; busca siempre el crecimiento.

☞ **Mensaje clave:** cuando trabajas en tu autoestima y bienestar, tu cerebro deja de depender de otra persona para sentirse bien.

Este ejercicio, te permite conocer qué neurotransmisores predominan en tu relación y cómo pueden estar influyendo en tu bienestar emocional. La clave está en encontrar el equilibrio, aprender a regular las sustancias que afectan tus emociones y construir relaciones saludables donde no dependas de un solo "estímulo" para sentirte bien.

Sientate unos instantes y pregúntate:

¿Qué neurotransmisor ha dominado mi relación? ¿Qué emociones confundo con amor? ¿Cómo puedo empezar a crear mi propio bienestar sin depender de una relación?

Si supiera que soy lo suficientemente fuerte para salir, ¿cuál sería mi primer paso?

La adicción a una Relación de Riesgo es real, pero también es reversible. Hoy decides si sigues esperando migajas o si empiezas a crear tu propia felicidad.

4.

La neurociencia detrás de las conductas de riesgo

"Es bajando al abismo como recuperamos
los tesoros de la vida.
Donde tropiezas, allí está tu tesoro."

Joseph Campbell

¿POR QUÉ EL CUERPO TAMBIÉN SE VUELVE ADICTO A UNA RELACIÓN DE RIESGO?

En el capítulo anterior, hablamos de cómo nuestra mente nos mantiene atrapadas en una RdR a través de cuatro mecanismos de defensa: el refuerzo intermitente, la disonancia cognitiva, la vinculación por trauma y la dependencia emocional. Ahora, vamos un paso más allá: ¿Qué pasa en nuestro cuerpo mientras todo esto sucede?

Si bien la adicción a una Relación de Riesgo tiene un fuerte componente psicológico, nuestro cerebro y nuestro sistema nervioso también juegan un papel clave en esta trampa emocional. Cuando vivimos en un ambiente de abuso constante, nuestro cuerpo se adapta a ese entorno, activando respuestas químicas y fisiológicas que nos hacen sentir literalmente "atadas" a la relación.

Aquí es donde entra en juego nuestro sistema nervioso autónomo, en especial el sistema parasimpático, que regula nuestras reacciones al peligro y al estrés. Y cuando el abuso se convierte en algo constante en nuestra vida, nuestro sistema nervioso aprende a funcionar en un estado de alerta crónico, lo que refuerza la sensación de que necesitamos a esa persona, incluso cuando nos está dañando.

Es aquí cuando interviene el istema parasimpático: la razón de por qué somos adictos a una Relación de Riesgo.

Una de las razones por las que una persona permanece atrapada en una Relación de Riesgo (RdR) no solo tiene que ver con factores emocionales o psicológicos, sino también con su propio funcionamiento biológico. El sistema nervioso juega un papel fundamental en esta dinámica, y dentro de él, el sistema parasimpático se convierte en un factor clave para entender por qué nos cuesta tanto romper estos patrones.

¿QUÉ ES EL SISTEMA PARASIMPÁTICO Y CÓMO INFLUYE EN NUESTRAS RELACIONES?

El sistema parasimpático forma parte del sistema nervioso autónomo, el cual regula todas las funciones automáticas de nuestro cuerpo, como la respiración, la digestión y la frecuencia cardíaca. Pero también cumple un papel fundamental en la forma en la que procesamos el estrés, el peligro y la seguridad en nuestras relaciones.

Para comprenderlo mejor, el sistema nervioso autónomo tiene dos grandes ramas:

1. **El sistema simpático** (el acelerador del cuerpo)
    - Se activa cuando percibimos peligro o estrés.

- Nos pone en modo supervivencia, generando la famosa respuesta de "lucha o huida" (fight or flight).
- Libera adrenalina y cortisol, aumentando la frecuencia cardíaca, la tensión muscular y la alerta.

2. **El sistema parasimpático** (el freno del cuerpo)
   - Se encarga de calmar el cuerpo después del estrés.
   - Nos ayuda a recuperarnos, relajarnos y restaurarnos.
   - Reduce la frecuencia cardíaca, regula la respiración y disminuye el cortisol.

En una relación sana, estos dos sistemas funcionan en equilibrio: si pasamos por una discusión o un momento tenso, el sistema simpático se activa, pero luego el sistema parasimpático entra en acción para calmarnos y restaurarnos.

Pero en una Relación de Riesgo, este equilibrio se rompe.

CUANDO EL SISTEMA PARASIMPÁTICO TE ATRAPA EN UNA RdR

Si estás en una relación donde constantemente pasas de episodios de maltrato a momentos de reconciliación, tu sistema nervioso se acostumbra a vivir en un estado de alerta crónica. Esto significa que:

- Tu sistema simpático está activado constantemente por el estrés y el miedo que genera el Rol Amenazante (RA).
- Pero luego, cuando el RA se muestra cariñoso, tu sistema parasimpático entra en acción, y en lugar de rela-

jarte genera una sensación de recompensa y alivio que refuerza la adicción emocional.

Es como si el cuerpo aprendiera a asociar el abuso con la calma que viene después, creando un ciclo de dependencia neurobiológica.

En otras palabras, tu sistema nervioso se adapta a la relación de abuso como si fuera un "ritmo normal", por lo que salir de ella se siente no solo emocionalmente difícil, sino también físicamente incómodo.

¿POR QUÉ?

Porque cuando intentas alejarte o romper el vínculo, tu sistema nervioso experimenta abstinencia, similar a la que siente una persona cuando deja una droga.

El doctor Bessel van der Kolk, experto en trauma y autor del libro *El cuerpo lleva la cuenta*, explica que el trauma crónico cambia la manera en la que el sistema nervioso regula el peligro y la seguridad. En otras palabras, si has estado en una RdR durante mucho tiempo, tu cuerpo puede llegar a interpretar el abuso como parte de tu normalidad, haciéndote sentir ansiosa o incluso "vacía" cuando intentas salir.

Esto explica por qué muchas víctimas de abuso pueden sentir más ansiedad cuando están lejos del abusador, en lugar de sentir alivio inmediato. No es porque quieran el abuso, sino porque su sistema nervioso ya está programado para funcionar dentro de ese ciclo de tensión y recompensa.

¿Y ENTONCES? ¿SOMOS PRISIONERAS DE NUESTRO PROPIO CUERPO?

No. La buena noticia es que el sistema nervioso es plástico y puede reprogramarse. Así como se adaptó al abuso, también puede reaprender lo que es la seguridad, la calma y el bienestar.

Pero antes de hablar de cómo se rompe este patrón, es fundamental que comprendas por qué el abuso es adictivo a nivel biológico y cómo el sistema nervioso refuerza la permanencia en una RdR.

Por eso, en la siguiente sección, exploraremos cómo los químicos del cerebro, como la dopamina, la oxitocina y el cortisol, juegan un papel clave en esta adicción emocional y por qué entender su función puede ayudarte a liberarte de ella.

NEUROTRANSMISORES: LOS QUÍMICOS QUE REFUERZAN LA ADICCIÓN EMOCIONAL A UNA RdR

Si alguna vez te has preguntado por qué, a pesar de saber que una relación te hace daño, sigues atada a ella, la respuesta no solo está en tus emociones o en tus creencias, sino también en tu química cerebral.

Nuestro cerebro no está diseñado para distinguir entre una relación sana y una relación peligrosa. Su prioridad es buscar placer, apego y estabilidad. Para ello, libera una serie de neurotransmisores que influyen en nuestra manera de vincularnos con los demás.

Cuando estás en una Relación de Riesgo (RdR), los niveles de estos neurotransmisores se descontrolan, creando una verdadera adicción química a la relación.

Veamos los tres principales actores de este ciclo:

1. Dopamina: el anzuelo de la adicción

La dopamina es el neurotransmisor del placer y la recompensa. Es la misma sustancia que se libera cuando ganamos un premio, recibimos un halago o consumimos una droga adictiva.

- **¿Cómo funciona en una RdR?**

  En una relación sana, la dopamina refuerza los momentos positivos y nos motiva a mantener el vínculo. Pero en una Relación de Riesgo, se activa de manera impredecible debido al refuerzo intermitente.

- **Ejemplo con César:**

  Piensa en cómo César me trataba: un día me humillaba, me insultaba y me ignoraba, pero al día siguiente llegaba con flores, mariachis y promesas de amor eterno.

  Esta montaña rusa emocional activaba mi dopamina, generando un patrón de recompensa impredecible, el mismo mecanismo que vuelve adictivas las máquinas tragamonedas en los casinos.

- **¿Qué efecto tiene en ti?**

  Tu cerebro se engancha al ciclo de maltrato y reconciliación, volviéndose dependiente de esos momentos de afecto ocasional. Esto te hace sentir que, si aguantas lo suficiente, recibirás la recompensa emocional que tanto anhelas.

Existen estudios en neurociencia que han demostrado que el refuerzo intermitente es la forma más poderosa de adicción. Es el mismo mecanismo que hace que las personas sigan apostando en un casino, esperando "el gran premio" que nunca llega.

2. Oxitocina: la trampa del apego

La oxitocina es conocida como la "hormona del amor" porque fortalece el apego emocional y genera sensación de seguridad y conexión.

- **¿Cómo funciona en una RdR?**

  Esta hormona se libera cuando sentimos cercanía emocional o física con nuestra pareja, especialmente en momentos de intimidad, caricias o incluso después de una pelea cuando hay reconciliación.

- **Ejemplo con César:**

  Después de una discusión terrible, cuando él regresaba llorando y suplicando perdón, mi cerebro liberaba oxitocina, reforzando la sensación de que aún existía un vínculo fuerte entre nosotros.

- **¿Qué efecto tiene en ti?**
  - Hace que sientas apego hacia alguien que te lastima.
  - Minimiza el daño emocional que has recibido, haciéndote recordar solo los momentos buenos.
  - Genera la sensación de que él es tu única fuente de afecto, aumentando el miedo a dejarlo.

La doctora Sue Carter, experta en neurobiología del apego, ha encontrado que la oxitocina no solo refuerza el amor, también la dependencia, especialmente en relaciones abusivas donde hay un ciclo de maltrato y reconciliación.

3. Cortisol: el enemigo invisible

El cortisol es la hormona del estrés y la supervivencia. Se libera cuando estamos en peligro o bajo una situación de alta tensión.

- **¿Cómo funciona en una RdR?**

  Cuando vives en un entorno donde constantemente hay peleas, insultos y tensión, tu cuerpo produce niveles crónicamente elevados de cortisol.

- **Ejemplo con César:**

  Cada vez que César me gritaba, mi cuerpo se preparaba para la "lucha o huida", liberando cortisol para mantenerme alerta y lista para reaccionar.

- **¿Qué efecto tiene en ti?**
  - Te hace vivir en un estado de estrés constante.
  - Afecta tu capacidad de pensar con claridad, dificultando que tomes decisiones racionales sobre salir de la relación.
  - Debilita tu sistema inmunológico y puede provocar ansiedad, insomnio y agotamiento emocional.

Existen investigaciones que han demostrado que el cortisol en exceso afecta el hipocampo, la zona del cerebro encargada de la memoria y el aprendizaje, lo que puede hacer que una persona en una RdR tenga dificultades para reconocer el peligro real en su relación.

¿POR QUÉ ESTE CÓCTEL DE QUÍMICOS TE MANTIENE ATRAPADA EN UNA RdR?

Cuando combinas estos tres neurotransmisores en una relación abusiva, el resultado es un ciclo altamente adictivo:

1. **Dopamina** → Te da la ilusión de que la relación puede mejorar, reforzando la esperanza.
2. **Oxitocina** → Crea un apego profundo al abusador, minimizando el daño recibido.
3. **Cortisol** → Mantiene tu cuerpo en estado de alerta, haciéndote sentir que salir de la relación es aún más peligroso.

Tu cerebro se vuelve adicto a la montaña rusa emocional, y cada vez que intentas alejarte, experimentas síntomas de abstinencia parecidos a los de una droga: ansiedad, desesperación, insomnio y un deseo intenso de volver con el abusador para aliviar ese malestar.

CONCLUSIÓN: TU CEREBRO NO ESTÁ EN TU CONTRA, PERO HA APRENDIDO MAL

Si sientes que estás atrapada en esta relación, no es porque seas débil o porque no tengas fuerza de voluntad. Es porque tu cerebro ha aprendido a asociar el abuso con el amor.

Pero aquí está la clave: lo que el cerebro aprende, insisto, también lo puede desaprender.

Gracias a la plasticidad cerebral, el cerebro tiene la capacidad de modificarse, reconfigurar sus conexiones y generar nuevos patrones de pensamiento y comportamiento. Esto significa que no estás condenada a repetir esta historia. Aunque hoy sientas que salir de esta relación es imposible, con la información y las herramientas correctas, puedes reentrenar a tu cerebro para elegir relaciones saludables.

Comprender la biología detrás de las Relaciones de Riesgo es el primer paso para salir del ciclo. Porque una vez que entiendes cómo tu sistema nervioso y tus neurotransmisores han sido programados, puedes comenzar a reprogramarte.

Pero aquí viene algo fundamental: entender el abuso en sí mismo.

Para desprogramarnos, primero tenemos que ver la violencia como realmente es. Muchas veces, pensamos que la violencia solo es física, que solo cuenta si hay golpes o heridas visibles. Pero la realidad es que la violencia tiene muchas formas, algunas tan sutiles que pueden pasar desapercibidas.

Ahora que ya conoces la base biológica de por qué te has quedado en esta relación, es momento de ponerle nombre a lo que has vivido. Es momento de hablar de la violencia, el abuso y sus tipos, para que puedas reconocer cada una de sus manifestaciones y así, dar el siguiente paso: romper el ciclo.

VIOLENCIA Y ABUSO

Una de las bromas favoritas de César era no dejar de tildarme de tonta. Recuerdo una ocasión en la que él se inscribió a la Maestría en alta dirección en el IPADE. Lo felicité y le dije que yo también quería estudiar algún diplomado ahí, su respuesta fue: "Cómo crees, una mujer como tú no puede con el IPADE, no tiene la capacidad, tú no aprendes, rebuznas". Me dijo que yo no podría con el nivel intelectual que exigía el reto. Durante los dos años que duró la Maestría jamás me llevó a un solo evento, a pesar de que la escuela promueve mucho el ambiente familiar. Todas las demás esposas iban a las cenas y eventos y no fui invitada ni siquiera a la graduación. Fueron tan constantes sus bromas de mal gusto que llegué a normalizarlas, incluso hasta a creérmelas pensando que en verdad yo no era tan inteligente.

Con más frecuencia de la que nos gustaría reconocer, hemos permitido que la violencia se cuele en nuestras vidas de maneras sutiles, normalizándola hasta que se convierte en algo inaceptablemente común. Pero desafiar esta aceptación pasiva del abuso es un primer paso, indispensable para adoptar una política de cero tolerancia hacia cualquier forma de violencia.

Empecemos por comprender que la violencia no aparece de la noche a la mañana en una relación. Empieza siendo una sombra difuminada, apenas perceptible, que promete cobrar fuerzas con el paso del tiempo. La violencia tiene muchas caras, y la primera de ellas suele ser la más engañosa de todas: la seducción. El Rol Amenazante (RA) a menudo utiliza encantos y halagos para ganarse la confianza del Rol Vulnerable (RV), solo para luego revelar su verdadera naturaleza destructiva.

Si bien es cierto que puede resultar complejo reconocer las señales de advertencia en la insipiencia de una relación, resulta esencial estar vigilantes y atentos para identificar signos de violencia con los que no tendremos compasión. Para ello resulta valioso tener claro qué valores son innegociables para ti antes de plantearte la posibilidad de conocer a alguien. Haz una lista de tus 10 valores no negociables y otra de tus 10 deseables, y si la persona con la que comienzas a involucrarte cruza cualquiera de esas líneas de los no negociables, no dudes en alejarte.

Pongamos un ejemplo. Esta persona que estás conociendo tiene un humor bastante negro y suele hacer chistes sarcásticos e hirientes (que son considerados un tipo de violencia). Si en tus 10 no negociables está el respeto y para ti sus chistes son justamente una falta de respeto, lo que debes hacer es alejarte. También puedes conversar y dejar claros dichos límites respecto al uso del sarcasmo, ya que para esa persona puede ser que el sarcasmo sea normal y hasta divertido. Los problemas tienen fondo y forma. La forma es la broma sarcástica, el fondo es el respeto. Si la persona no entiende que no es el chiste sino el respeto, lo volverá a hacer una y otra vez.

Si una vez estableciendo límites, tu pareja sigue ejerciendo esta falta de respeto sobre ti, entonces ya no hay marcha atrás, es momento de alejarte. Recuerda que no existen personas perfectas, ni relaciones perfectas, pero la idea es remar (conscientemente) lo más lejos del abuso que puedas y de las zonas rojas que anuncian la llegada de la violencia.

TIPOS DE VIOLENCIA

En el estudio de las Relaciones de Riesgo, es fundamental comprender los diferentes tipos de violencia que pueden manifestarse dentro de una relación. Cada forma de violencia tiene un impacto devastador en el Rol Vulnerable (RV), por lo que reconocer las señales previas es un paso determinante para evitar situaciones en las que la vida de una de las partes esté en peligro.

Revisemos un dato importante: según la Organización Mundial de la Salud (OMS), 1 de cada 3 mujeres en el mundo ha experimentado violencia física, emocional o sexual por parte de su pareja en algún momento de su vida. Además, la OMS advierte que las mujeres que han sido expuestas a violencia en la infancia tienen un mayor riesgo de desarrollar relaciones abusivas en la adultez, debido a la normalización del abuso y la alteración de sus sistemas de respuesta al estrés.

VIOLENCIA DE GÉNERO.

- **¿Qué es?**

  Las mujeres son las principales víctimas de este tipo de violencia, que puede manifestarse en forma de discriminación, abuso físico, emocional o sexual, y que se basa en desigualdades estructurales entre hombres y mujeres.

- **Impacto**
  - Se traduce en brechas de oportunidades, menor acceso a la educación y el trabajo, y mayor vulnerabilidad a la violencia en el hogar y la sociedad
  - Según la ONU Mujeres, el feminicidio es la manifestación más extrema de la violencia de género.

VIOLENCIA ECONÓMICA

- **¿Qué es?**
  - Ocurre cuando el Rol Amenazante (RA) controla los recursos financieros de la víctima, limitando su acceso al dinero y a oportunidades económicas.

- **Ejemplos**
  - Impedir que la víctima trabaje.
  - Robarle sus ingresos o controlar sus finanzas.
  - Negarle recursos básicos para su independencia.

- **Impacto**
  - Aumenta la dependencia financiera y el miedo a dejar la relación.
  - Dificulta que la víctima escape del ciclo de abuso.

- **Dato importante:**

  Un estudio de la Fundación Internacional para la Autonomía Económica de la Mujer (2022) encontró que 70% de las mujeres que permanecen en relaciones abusivas mencionan la falta de recursos económicos como una de las principales razones para no irse.

VIOLENCIA PSICOLÓGICA

- **¿Qué es?**
  - Se manifiesta a través de la manipulación, el control y la intimidación emocional.

- **Ejemplos:**
  - Humillaciones constantes.
  - Insultos, amenazas y chantajes emocionales.
  - Aislamiento de familiares y amigos.

- **Impacto**
  - Erosiona la autoestima y la confianza en sí misma.
  - Causa ansiedad, depresión y trastorno de estrés postraumático (TEPT).

- **Dato científico:**

  Un estudio publicado en Journal of Interpersonal Violence (2021) encontró que las víctimas de violencia psicológica presentan patrones de actividad cerebral similares a los de las personas que han experimentado violencia física. Esto significa que las palabras también dejan cicatrices reales en el cerebro.

VIOLENCIA EMOCIONAL.

- **¿Qué es?**
  - Muy similar a la violencia psicológica, pero enfocada en causar daño a través de las emociones.

- **Ejemplos:**
  - Usar el silencio o la indiferencia como castigo.
  - Despreciar y minimizar los sentimientos del RV.
  - Manipular emocionalmente para hacer sentir culpable a la víctima.

- **Impacto**
  - Hace que la víctima dependa de la aprobación del RA.
  - Aumenta la disonancia cognitiva y la vinculación por trauma.

VIOLENCIA FÍSICA

- **¿Qué es?**
  - Implica el uso de la fuerza física para causar daño o lesiones.

- **Ejemplos:**
  - Golpes, empujones, estrangulamiento, pellizcos, etc.
  - Uso de objetos para agredir.

- **Impacto**
  - Puede provocar discapacidades, lesiones permanentes o incluso la muerte.
  - El riesgo de violencia letal aumenta cuando hay antecedentes de abuso físico.

- **Dato científico:**

  Un informe de la OMS revela que 55% de los feminicidios son cometidos por la pareja o expareja de la víctima.

VIOLENCIA SEXUAL

- **¿Qué es?**
  - Cualquier forma de coerción o abuso sexual perpetrado sin el consentimiento de la víctima.

- **Ejemplos**
  - Violación, acoso sexual, abuso sexual.
  - Forzar actos sexuales no deseados.

- **Impacto**
  - Provoca trauma psicológico severo.
  - Aumenta el riesgo de trastorno de estrés postraumático.

- **Dato importante:**

  Según UNICEF, 1 de cada 5 niñas en el mundo ha sido víctima de abuso sexual antes de los 18 años.

VIOLENCIA VICARIA

- **¿Qué es?**

  La violencia vicaria es una de las formas más crueles y devastadoras de violencia de género. No es un ataque directo contra la mujer, sino que el Rol Amenazante (RA) utiliza a los hijos, mascotas o seres queridos como instrumentos para causar daño al Rol Vulnerable (RV). Su finalidad es destruir emocionalmente a la mujer mediante el sufrimiento de quienes ella más ama.

- **Ejemplo real:**

  Este tipo de violencia es una extensión del abuso que el RA ha ejercido sobre la víctima a lo largo de la relación. Es decir, cuando ya no puede controlarla directamente porque la mujer anuncia la terminación de la relación, busca hacerle daño a través de lo que más le duele: sus hijos o seres queridos.

  El RA puede amenazar con quitarle la custodia de los hijos, manipularlos en su contra, impedirle verlos o incluso ejercer violencia sobre ellos, con el único propósito de castigarla y mantener su poder.

- **Cómo actúa un agresor que ejerce violencia vicaria:**
    - Manipula a los hijos para alienarlos en contra de su madre (lo que se conoce como interferencia parental).
    - Usa a los hijos como mensajeros de amenazas o chantajes ("dile a tu mamá que si no me llama, no pagaré la escuela").
    - Niega el acceso a sus hijos como castigo, aun cuando legalmente tiene derecho a verlos.
    - Desvaloriza constantemente a la madre ante los hijos para que ellos duden de su capacidad y valía.
    - Puede llegar a cometer actos extremos, como agredir físicamente a los hijos o incluso asesinarlos, con el único fin de causar un daño irreparable a la madre.

- **Dato alarmante:**

  Según Sonia Vaccaro, psicóloga forense que acuñó el término *violencia vicaria*, más del 80% de los feminicidios ocurren cuando la mujer decide separarse del agresor, ya que él siente que ha perdido el control sobre ella y busca la manera más cruel de lastimarla.

- **Consecuencias en los niños:**

  Los niños que crecen en un ambiente de violencia vicaria desarrollan profundas heridas emocionales. Al ser usados como herramientas de manipulación, muchos de ellos presentan:

- Ansiedad, depresión y trastorno de estrés postraumático.
- Baja autoestima y sensación de culpa por "haber causado" conflictos entre sus padres.
- Mayor probabilidad de repetir patrones de abuso en sus futuras relaciones.
- Dificultades para formar vínculos sanos y confianza en los demás.

- **Dato científico:**

Investigaciones de la Asociación Americana de Psicología (APA) muestran que 65% de los niños expuestos a violencia vicaria desarrollan trastornos emocionales severos en la adultez, incluyendo problemas de apego, ansiedad y dificultades para mantener relaciones saludables.

- **Conclusión:**

La violencia vicaria es un ataque devastador no solo para la madre, sino para los hijos que quedan atrapados en el medio del conflicto. No se trata solo de "un problema de pareja", sino de una forma extrema de violencia de género que debe ser reconocida y denunciada.

VIOLENCIA DIGITAL O EN LÍNEA

- **¿Qué es?**

Con el avance de la tecnología, la violencia también puede manifestarse en el ámbito digital. Esto incluye el acoso cibernético, el envío de mensajes sexuales no deseados (sextorsión, sexting), la publicación de información personal privada (doxing) o cualquier otra forma de abuso perpetrado a través de medios electrónicos.

- **Ejemplos:**
  - Acoso cibernético.
  - Sextorsión o difusión de contenido íntimo sin consentimiento.
  - Publicación de información personal (doxing).

- **Impacto:**
  - Deteriora la salud mental de la víctima.
  - Puede tener consecuencias legales y reputacionales.

VIOLENCIA PATRIMONIAL

- **¿Qué es?**

  Se manifiesta a través del control y la manipulación de los bienes y recursos económicos de la víctima.

- **Ejemplos:**
  - Bloquear el acceso a cuentas bancarias.
  - Despojar a la víctima de propiedades o bienes materiales.
  - Obligarla a firmar documentos en contra de su voluntad.

- **Impacto:**
  - Limita la autonomía y la dignidad de la persona afectada.
  - Aumenta la dependencia del RA.

- **Dato importante:**

  87% de las mujeres que han sufrido violencia patrimonial reportan que su agresor utilizó el dinero como una herramienta de manipulación para evitar que escaparan de la relación.

Comprender los tipos de violencia y cómo se manifiestan en nuestras vidas es esencial para nuestra reeducación como mujeres. Solo así podremos identificar, prevenir y erradicar cualquier forma de abuso de nuestras vidas. Porque cuando nos reeducamos, nos empoderamos y nos convertimos en las guardianas de nuestra propia libertad.

LA NORMALIZACIÓN DEL MALTRATO

En mi caso, los insultos disfrazados de bromas fueron una constante. César se encargó de recordarme una y otra vez que, según él, yo no tenía la capacidad para hacer grandes cosas. "No aprendes, rebuznas". Sus palabras no solo minaron mi autoestima, sino que me convencieron de que no era lo suficientemente inteligente. Lo más alarmante de la violencia en una relación es que no llega de golpe, sino que se infiltra lentamente, normalizándose hasta el punto en que la víctima la acepta sin cuestionarla.

Uno de los primeros signos de alerta en una Relación de Riesgo es la manipulación emocional disfrazada de cariño. El Rol Amenazante (RA) primero enamora y seduce, para luego comenzar a socavar la confianza de la otra persona, quien ocupa el Rol Vulnerable (RV). Este proceso es tan sutil que, cuando la víctima se da cuenta, ya se encuentra atrapada en una relación donde la violencia es recurrente.

¿ESTÁ TU SISTEMA NERVIOSO PROGRAMADO PARA EL PELIGRO?

Responde Sí o No a las siguientes preguntas:

1. ¿Te sientes en estado de alerta constante, como si algo malo pudiera pasar en cualquier momento?
2. ¿Tu cuerpo reacciona con tensión, ansiedad o taquicardia ante pequeños conflictos?
3. ¿Después de un episodio de abuso, sientes alivio cuando la situación "se calma"?
4. ¿Aunque ya no estés en una RdR, sigues sintiendo miedo o angustia en relaciones nuevas?
5. ¿Te cuesta relajarte, incluso en momentos de tranquilidad?
6. ¿Buscas inconscientemente relaciones que te generen adrenalina o drama?
7. ¿Sientes que no mereces una relación estable y sin conflictos?
8. ¿Tu cuerpo reacciona con pánico ante la idea de soltar una RdR?

Si respondiste "Sí" a varias de estas preguntas, es posible que tu sistema nervioso esté programado para vivir en alerta y peligro, lo que puede hacerte propensa a quedar atrapada en una RdR.

EL CICLO DE ADICCIÓN AL ABUSO

Como se ha escrito, las Relaciones de Riesgo funcionan como una droga. Los episodios de violencia provocan una descarga de cortisol (la hormona del estrés), y cuando llega la reconciliación, el cerebro recibe un alivio momentáneo. Este alivio genera una sensación adictiva que nos hace querer repetir el ciclo, aunque sea dañino.

Diana pasó 10 años en una relación donde su pareja alternaba abuso y cariño. Cuando por fin se separó y conoció a alguien estable, en lugar de sentirse feliz, sintió incomodidad. Su cuerpo esperaba la siguiente pelea. Su sistema nervioso había aprendido a encontrar seguridad en el caos.

¿Por qué Diana se sentía más segura en el caos que en la estabilidad? ¿Cómo puede empezar a reprogramar su sistema nervioso para aceptar una relación sana?

No basta con salir de una RdR, también hay que reprogramar nuestro cerebro para entender que la calma es el verdadero hogar.

TIPOS DE VIOLENCIA EN UNA RdR

Para salir de una Relación de Riesgo, es esencial identificar los distintos tipos de violencia que pueden presentarse:

- **Violencia psicológica:** insultos, manipulación, *gaslighting*.
- **Violencia emocional:** chantaje, indiferencia, desprecio.
- **Violencia física:** golpes, empujones, agresiones.
- **Violencia sexual:** abuso, coerción, acoso.
- **Violencia económica:** control del dinero y los recursos.
- **Violencia vicaria:** uso de los hijos o seres queridos para hacer daño.
- **Violencia digital:** acoso en redes, difusión de información privada.

Reconocer estas formas de violencia es el primer paso para romper el ciclo de abuso y comenzar a construir relaciones saludables.

REPROGRAMANDO TU SISTEMA NERVIOSO

Ahora llevaremos a cabo un ejercicio práctico, el objetivo será enseñar a tu cerebro que la seguridad y la estabilidad son normales.

> **Paso 1:** identifica cómo tu cuerpo reacciona ante la calma. ¿Te sientes ansiosa cuando las cosas están bien?

¿Buscas problemas donde no los hay?

Paso 2: reentrena tu sistema nervioso con actividades que generen bienestar sin adrenalina: respiración profunda y relajación, meditación o mindfulness o escribir un diario sobre cómo te sientes en relaciones estables.

Paso 3: aprende a sostener la estabilidad sin miedo.
La próxima vez que una relación sea tranquila, permítete disfrutarla sin sentir que algo malo va a pasar.

Recuerda que la seguridad no es aburrida, es salud emocional.

Las Relaciones de Riesgo no solo afectan nuestra mente y nuestras emociones, también alteran nuestro sistema nervioso. Si nuestro cuerpo se ha acostumbrado al peligro, debemos enseñarle que la calma es el nuevo hogar.

Romper el ciclo de abuso no es fácil, pero el primer paso es reconocerlo. Luego, es momento de reconstruirnos, redefinir lo que merecemos y reprogramar nuestra forma de vivir el amor. Porque una relación no debería ser una montaña rusa de ansiedad y sufrimiento, sino un espacio de paz, respeto y bienestar.

5.

Desaprender

"La libertad es el oxígeno del espíritu".

Moshe Dayan

COFRE DEL TESORO, MI REFUGIO PERSONAL

Acompañando a César en la cárcel de Tijuana conocida como "El Pueblito de la Mesa "como ya te conté, tuve una gran epifanía que me ha servido de bálsamo en momentos muy oscuros. Desde el pequeño hueco de una ventana en un sitio llamado "las carracas", dentro de la prisión, empecé a tener un poco de contacto con el mundo exterior. Ver hacia afuera me producía una mezcla extraña de sentimientos, era el punto de encuentro para el anhelo, pero también para la desesperación. La ventana, alta y estrecha, estaba enmarcada por barrotes que se alzaban como los nuevos custodios de mi libertad. Para asomarme, debía subirme a una silla, alzarme de puntillas y aferrarme a los barrotes con fuerza, luchando contra la gravedad y la sensación de claustrofobia que me acompañaba aquellos días.

A través de esa pequeña ventana, mis ojos curiosos se encontraron con un árbol frondoso. Al verlo, me invadió la nostalgia.

De pronto, solo podía ocupar mi mente con preguntas existenciales como, por qué nunca, en libertad, había abrazado un árbol o apreciado las pequeñas maravillas de la naturaleza. ¿Por qué había dado por sentadas esas cosas que ahora, encerrada, anhelaba con desesperación?

Fue en ese momento, rodeada por el concreto inmundo y el helado metal, cuando comencé a extrañar las cosas simples de la vida: la refrescante caricia de una brisa repentina sobre mi cara, el olor a tierra mojada por la lluvia, la sensación de libertad al caminar por un jardín mientras el sol calienta mi cuerpo. En mi soledad forzada, buscaba desesperadamente reconectar con esas sensaciones, tratando de revivir en mi mente los momentos de felicidad que se sentían como episodios distantes del pasado.

Mientras César se derrumbaba emocionalmente en algún rincón húmedo y gris de la prisión, viendo los días hacerse semanas, y las semanas meses, entendí que yo necesitaba rescatarme para no terminar como él y acompañarlo en su letargo.

Fue entonces cuando comencé a hablar con el árbol, a observar con detenimiento las gotas de lluvia caer después de que el cielo se pintara de negro y luego a disfrutar de la recompensa del olor a tierra mojada. Aunque al principio no entendía completamente el propósito de estas actividades, con el tiempo (muchos años más tarde) dimensioné que estaban alimentando algo dentro de mi ser. Estaban llenado lo que imaginé como un cofre de tesoros donde guardaba los recuerdos más preciados de mi vida.

En ese cofre, empecé a guardar como coleccionista cada pequeño momento de felicidad que había experimentado a lo largo de los años. No solo había espacio para recuerdos felices de mi niñez, como el olor de la sopita de fideos de mamá que impregnaba la casa y me recibía por las tardes cuando llegaba de la escuela; o las mañanas de paseo con papá por el Ajusco, que venían acompañadas de quesadillas como recompensa por una larga caminata. También había lugar para escenas de mis días felices con César, fuera de prisión y, por qué no, también dentro. Estaba el árbol, la lluvia, el viento y la tierra. Cada recuerdo positivo se convertía en una pieza del rompecabezas que estaba usando para reconstruir mi alma.

Con los años, este ejercicio se hizo método y lo bauticé con el nombre de "cofre del tesoro", que es y ha sido un refugio, un santuario personal para mí en medio del caos, y para muchos otros con quien lo he compartido. A través de él, he aprendido a transformar los días más oscuros en luz. Lo veo como tomar una foto oscura, quizá del frondoso árbol de la cárcel enmarcado en el contexto de un día lluvioso y convertirlo en un retrato iluminado que se parezca más al "Estanque de las Ninfeas" de Monet. Fue así como aquella joven Loretta, privada de libertad, pudo encontrar esperanza en el lugar menos esperado.

Ella que hoy se siente lejana y distinta a la versión de lo que fue, la mujer parada frente a aquella ventana, decidió unirse a una búsqueda constante de nuevos momentos de felicidad para añadirlos a su cofre del tesoro. Y aunque aún no sabía que esta colección de recuerdos la llevaría hacia la libertad, comprendió que, en última instancia, solo ella tenía la llave para abrir el cofre y, por ende, las puertas de su prpio destino. Pero sobre esa llave ya hablaremos.

EL SER INTEGRADO: DESAPRENDER PARA APRENDER

Desaprender es un proceso vital en el camino hacia la liberación de una Relación de Riesgo (RdR). Una vez que nos hemos observado y reconocido a nosotros mismos y a nuestra pareja (o cualquier otra persona) en el contexto de una relación destructiva, llega el momento de desaprender los patrones que nos mantienen atrapados en ese ciclo dañino. Este proceso implica dejar de ser la persona que éramos en esa relación y abrirnos a la posibilidad de ser una versión renovada y mejorada de nosotros. Eso a lo que me gusta llamar el "El Ser Integrado".

A pesar de que desaprender puede parecer una tarea desafiante, es fundamental entender que poseemos una herramienta poderosa de la que ya hemos hablado: nuestro cerebro. Este órgano tiene la capacidad de reprogramarse continuamente, y así como aprendimos ciertas dinámicas en el pasado, también podemos desaprenderlas y reemplazarlas por comportamientos más saludables. Imagina nuestro cerebro como una computadora que necesita actualizaciones periódicas de software para funcionar de manera óptima. Si nos aferramos a antiguos patrones de pensamiento y comportamiento, seguiremos perpetuando ciclos de dolor y sufrimiento en nuestras relaciones. No hay que quedarse en el pasado, tú mereces la versión más nueva y mejorada de ese software.

La primera vez que me enteré de que César me fue infiel, entendí que tenía que dejar de ser esa mujer sumisa que había sido por once años. Me atreví a desafiarlo: me metí al gimnasio, bajé de peso, me hice un nuevo corte, me compré ropa incluyendo lencería con encaje que era prohibida en mi matrimonio. Por primera vez me sentí como una mujer adulta que podía tomar una decisión por sí misma. Por simple que parezca, el llegar a Sport-City e inscribirme me hizo sentir empoderada y libre. Creo que ahí empezó el largo proceso de dejar de ser yo y desaprender para convertirme en mi Ser Integrado. Por supuesto, el proceso no fue fácil, tampoco fue de la noche a la mañana, me tomó muchos años de reconstrucción, desaprender y aprender nuevos patrones de conducta y adoptar nuevas creencias para ser fiel a mis valores. Pasé de ser una mujer desfragmentada, es decir una mujer que va perdiendo su identidad, a ser una mujer integrada, es decir: con el Ser Integrado.

El ser humano tiende a aferrarse a lo familiar y predecible porque nos brinda una sensación de "seguridad". Por eso muchos de nosotros nos quedamos en una Relación de Riesgo (RdR), a pesar del daño que nos causa, simplemente porque ya sabemos cómo ser y cómo es el otro dentro de la relación. Nos acomodamos al sufrimiento, nos ajustamos a la dinámica tóxica y nos resignamos a vivir en la miseria emocional, sintiéndonos hasta cómodos asumiendo el Rol Vulnerable (RV). Sin embargo, este conformismo nos impide alcanzar nuestro potencial y nos mantiene atrapados en un ciclo destructivo.

Desaprender implica reconocer y desafiar estos patrones arraigados en nosotros. Significa liberarnos de la idea de que el amor es sinónimo de sufrimiento, o de que alguien llegará a salvarnos de nuestras propias inseguridades. Es un proceso de introspección profunda, de cuestionar nuestras creencias arraigadas y de abrirnos a nuevas formas de pensar y de relacionarnos.

Es fundamental desaprender y reaprender para convertirnos en una versión de nosotros que no se enganche emocionalmente en relaciones destructivas, que no busque la validación en pedazos rotos de otros seres humanos. Solo al desaprender los viejos hábitos y adoptar nuevas formas de ser y de amar, podemos liberarnos del Ciclo de Abuso (CdA) para encontrar la verdadera felicidad y plenitud en nuestras relaciones.

RECONOCIENDO LA INFLUENCIA DE LA FAMILIARIDAD

Es natural que los seres humanos se sientan atraídos hacia lo familiar, ya que nos brinda una sensación de seguridad y comodidad dentro del contexto externo que nuestro cerebro interpreta como caótico, desconocido y amenazante. La tarea asignada para él ha sido clara: ayuda a este pobre ser humano a sobrevivir, manteniéndolo dentro de lo que conoce.

Desde una edad temprana, internalizamos patrones y dinámicas familiares que pueden influir en la forma en que nos relacionamos con los demás en la edad adulta. Por ejemplo, si crecemos en un entorno donde se nos enseña que el silencio o el sarcasmo son formas aceptables de comunicación, es probable que normalicemos estas conductas en nuestras relaciones futuras, incluso si son perjudiciales o abusivas.

Mi papá era muy sarcástico. Hacía chistes muy despectivos hacia las mujeres. Este tipo de bromas las tenía de todo tipo, sabores y colores, y en muchos casos, más que ser un simple chiste de mal gusto llegaron a convertirse en parte de mi sistema de creencias. Yo, por ejemplo, crecí con la creencia de que las mujeres no tenemos las mismas habilidades para manejar que tienen los hombres. Por eso, también llegué a normalizar los sarcasmos y chistes hirientes de César.

Es natural que si crecimos en un entorno donde hemos experimentado bromas hirientes disfrazadas de humor, tengamos dificultad para identificar estas conductas como problemáticas en nuestras relaciones actuales. La familiaridad puede llevarnos a normalizar comportamientos abusivos, especialmente si provienen de personas cercanas.

Otro ejemplo es que si nos castigaban con períodos de silencio, como fue mi caso, es posible que interioricemos esta forma de comunicación como normal y justificada. Incluso podemos ser incapaces de reconocer estos periodos de silencio como formas de violencia o castigo, ya que son familiares y aceptados dentro de nuestro contexto familiar.

APEGO: LA RAÍZ DE NUESTRA CONEXIÓN

El apego es el primer vínculo emocional que establecemos en la vida. Se forma en la infancia a través de nuestros cuidadores primarios, principalmente nuestra madre, y continúa moldeando la forma en que nos relacionamos con los demás a lo largo de nuestra existencia.

Este vínculo temprano influye en nuestras expectativas, creencias y comportamientos en torno a la intimidad, la seguridad y la dependencia emocional. Como descubrió el psicólogo John Bowlby, padre de la teoría del apego, los seres humanos estamos biológicamente diseñados para buscar protección y cercanía, ya que nuestra supervivencia depende de ello.

Mary Ainsworth, colaboradora de Bowlby, amplió esta teoría al identificar cuatro estilos de apego que afectan la manera en que interactuamos en nuestras relaciones adultas.

1. Apego seguro: la base de relaciones saludables

El apego seguro se desarrolla cuando el niño crece en un entorno donde sus necesidades emocionales son atendidas de manera constante y amorosa.

- Sus cuidadores estuvieron presentes y disponibles.
- Recibió atención, afecto y contención emocional.
- Creció con un sentido de seguridad y confianza.

Las personas con apego seguro se sienten cómodas con la intimidad, pero también con la independencia. No viven con miedo al abandono ni con la necesidad de estar constantemente probando el amor del otro.

Se relacionan desde la estabilidad emocional y pueden construir vínculos equilibrados, sin caer en la dependencia ni en el distanciamiento.

2. Apego ansioso: la necesidad constante de aprobación

El apego ansioso se origina cuando las necesidades emocionales del niño no son atendidas de manera consistente.

- Tal vez creció en una familia numerosa y tenía que competir por atención.
- Quizás su madre trabajaba largas horas y no podía estar siempre presente.
- O sufrió la ausencia emocional de su cuidador principal debido a problemas de salud, depresión o estrés.

En este contexto, el niño desarrolla un sentido de incertidumbre y miedo al abandono. Como el afecto llega de forma intermitente, su mente se vuelve hipervigilante: está en constante alerta, temiendo que en cualquier momento la persona que ama desaparezca.

En la adultez, esto se traduce en:

- Miedo extremo al rechazo.
- Necesidad constante de validación.
- Alta dependencia emocional en las relaciones.

En la vida adulta, estas dinámicas de apego pueden proyectarse en las relaciones de pareja, creando un ciclo de dependencia emocional. El uso de interrogantes constantes como "¿me quieres?" y "¿te gusto?" pueden reflejar la profunda inseguridad que se asoma por el miedo al rechazo. Aquellos con un apego ansioso tienden a preocuparse por el abandono y la falta de amor. Buscan constantemente la validación y la atención de los demás, a menudo experimentando altibajos emocionales en las relaciones.

Cuando le preguntaba a César hasta dónde llegaba su amor por mí, me decía con tono irónico, "hasta la cocina". Su respuesta lograba desmoronarme, porque despertaba ese miedo al rechazo y al abandono que reposaba bajo mi ansiedad.

3. Apego evitativo: el miedo a la intimidad

- El apego evitativo se desarrolla cuando las necesidades emocionales del niño fueron ignoradas o desatendidas.
- Madres con depresión posparto que no pudieron conectar emocionalmente con su bebé.
- Niños que pasaron mucho tiempo en incubadora, privados del contacto piel a piel.
- Hogares donde las expresiones de afecto eran escasas o inexistentes.

Estos niños aprenden que no pueden confiar en los demás para satisfacer sus necesidades emocionales, por lo que se vuelven autosuficientes hasta el extremo.

En la adultez, esto se traduce en:

- Dificultad para expresar emociones.
- Rechazo a la intimidad emocional profunda.
- Miedo al compromiso y a la dependencia.

Las personas con apego evitativo pueden parecer fuertes e independientes, pero en realidad, han aprendido a protegerse de la decepción cerrando la puerta a la vulnerabilidad.

4. Apego desorganizado: entre el miedo y la necesidad

El apego desorganizado surge de experiencias tempranas de trauma y por una disrupción en las relaciones de cuidado. Este tipo de apego es una amalgama entre el apego ansioso y evitativo, manifestándose como una mezcla de ansiedad y miedo a las relaciones interpersonales.

- Se origina en hogares marcados por el abuso, el maltrato o la negligencia.
- Puede desarrollarse en niños criados por padres narcisistas o alcohólicos.
- Ocurre en entornos donde el amor y el rechazo coexisten de manera impredecible.

Estos niños crecen con una profunda confusión emocional.

Por un lado, desean amor y conexión. Por otro, temen ser lastimados.

Sus relaciones en la adultez reflejan esta lucha interna:

- Buscan desesperadamente amor, pero lo rechazan cuando lo encuentran.
- Alternan entre dependencia extrema y distanciamiento emocional.
- Sienten miedo tanto a la cercanía como a la pérdida.

Desaprender los patrones insanos de apego es fundamental para cultivar relaciones más sanas. Requiere un proceso de reconexión emocional tanto con nosotros como con los demás, así como un esfuerzo consciente por desafiar las creencias y comportamientos arraigados. Una parte importante de este proceso implica desarrollar una mayor autoconsciencia emocional, explorando nuestras necesidades y temores subyacentes, y aprendiendo a comunicarnos de manera abierta y honesta en nuestras relaciones. Esto implica también trabajar en la construcción de la confianza en los demás, reconociendo que la vulnerabilidad es una parte natural y valiosa de las conexiones humanas.

¿CUÁL ES LA DIFERENCIA ENTRE DESAPRENDER SOBRE EL APEGO, POR COMPLETO, O BUSCAR UN TIPO DE APEGO SEGURO?

El objetivo no es alcanzar un estado de desapego completo en las relaciones, sino cultivar un apego seguro que fomente la conexión, la intimidad, el sentido de pertenencia y el crecimiento mutuo. En el amor sano hay apego sano porque es justamente el vínculo que te proporciona la intimidad y la conexión con la otra persona.

Cuando nos relacionamos a través de un tipo de apego seguro, es completamente natural y normal depender (en cierta medida) de la pareja, para satisfacer necesidades emocionales y compartir las experiencias de vida. Sin embargo, esta dependencia no implica una pérdida de identidad personal o autonomía, sino que se integra en una dinámica de equipo donde ambos miembros de la pareja mantienen su individualidad y se apoyan mutuamente para trabajar como una sociedad en el cumplimiento de sus metas y aspiraciones.

Este proceso implica soltar las expectativas y las necesidades poco realistas para cultivar una relación equilibrada donde cada uno tenga el espacio suficiente y necesario para crecer y desarrollarse de manera independiente.

Si mañana se van, ¡claro que te va a doler!, no porque estés "desapegado" o te relaciones con alguien de manera segura significa que tienes la garantía de no "más corazón roto", despecho y una buena dosis de canciones rancheras con tequila. Es natural sentir dolor y tristeza cuando una relación llega a su fin, especialmente si hemos invertido tiempo, energía y emociones en ella. Pero al desaprender comprenderemos que nuestro valor no se define por la presencia o ausencia de otra persona en nuestras vidas.

Entender esto finalmente me ayudó a superar el apego insano, que es la incapacidad de renunciar a algo o a alguien, cuando debes hacerlo.

Me costó mucho trabajo, nada más 16 años, pero yo desaprendí el estilo de apego ansioso en el que vivía en la zozobra, con ansiedad total todo el día y aprendí a relacionarme con un apego sano al convertirme en un adulto responsable. Y cuando yo me convertí en una mujer libre, autónoma y feliz, ya no dependía de que alguien me completara, me diera, me hiciera. Desde esa posición de infinito e incondicional amor propio pude elegir a Mario, esa persona como yo, un adulto responsable, sano y feliz para construir una relación donde nos amamos, pero no nos necesitamos.

CODEPENDENCIA: OLVÍDATE DE LA MEDIA NARANJA

Cada vez que escucho a alguien hablar ilusionado sobre las almas gemelas o las medias naranjas, no puedo evitar horrorizarme. Y no es porque tenga algo en contra de lo romántico, sino porque entendí que no somos mitades de ser humano que necesitan otra mitad para estar completos y funcionar.

Solo los que nos hemos trabajado, los que hemos aprendido a ser suficientes dentro de nosotros mismos, podemos buscar relaciones equilibradas. A esto justamente me refiero cuando hablo del Ser Integrado.

La codependencia es un término ampliamente usado en el ámbito de las adicciones, pero su impacto va mucho más allá. Se infiltra en nuestras relaciones personales de manera silenciosa y sutil, disfrazándose de amor, entrega y lealtad. Lo más peligroso es que las personas codependientes muchas veces no reconocen su situación, lo que les impide dar el primer paso para buscar ayuda.

El psiquiatra Timmen Cermak, quien ha estudiado la codependencia en profundidad, señala que esta es la raíz de todas las adicciones. La persona codependiente desarrolla una obsesión con el otro, necesitando ser indispensable para sostener su propia identidad. De hecho, la Asociación Americana de Psicología (APA) la reconoce como un patrón de comportamiento aprendido, donde la persona construye su autoestima en función de su papel dentro de la relación.

Una persona codependiente se siente responsable del bienestar de los demás, incluso a expensas de su propia salud mental y emocional. Su identidad se construye en función de lo que puede hacer por el otro, y en ese proceso, se olvida de sí misma. Su autoestima es frágil y su sentido de valía está atado a la atención y aprobación de los demás.

Las relaciones codependientes son relaciones sin equilibrio. Siempre hay un rol dominante y un rol sumiso. Uno controla y el otro se somete. Uno se desvive y el otro se deja cuidar. En esta dinámica, la persona codependiente se siente valiosa solo cuando el otro la necesita, y esa necesidad se convierte en su razón de existir.

Para reconocer la codependencia en nuestras propias vidas y relaciones, es importante comprender las características comunes de las personas codependientes:

1. Tienen dificultades para estar solos y se sienten incompletos sin la presencia constante de una pareja o figura de apoyo.
2. Su autoestima y sentido de valía están vinculados a la aprobación y atención de los demás.
3. Adoptan roles de protector y protegido en sus relaciones, creando un desequilibrio en la dinámica.
4. Les resulta difícil expresar sus propias emociones, necesidades y deseos por miedo al conflicto y, finalmente, por miedo al rechazo.
5. Este temor al rechazo los hace completamente incapaces de establecer límites sanos que resguarden su integridad.
6. Experimentan ansiedad crónica, lo que los impulsa a complacer compulsivamente a los demás.
7. Son abnegados hasta el punto de descuidar sus propias necesidades en favor de rescatar constantemente a los demás. Cuidado, porque esto no los convierte en Gandhi. Al contrario, esta abnegación viene desde el egoísmo y desde el deseo personal de no sufrir, viendo sufrir al otro.
8. Tienen un profundo miedo al rechazo y harán cualquier cosa para evitarlo.

9. Sus relaciones suelen estar basadas en la utilidad y la dependencia más que en el amor genuino y la reciprocidad.
10. Viven en un estado de hipervigilancia constante, interpretando mal los comportamientos y actitudes de los demás, sacando conclusiones irreales y tomándose todo personal.

Desde fuera, una persona codependiente parece alguien generoso, servicial y abnegado. Pero en el fondo, lo que realmente busca es asegurarse de que el otro no se vaya. Porque si el otro se va, ¿entonces quién es ella?

LA DEPENDENCIA EMOCIONAL: ¿ACASO NO ES LO MISMO QUE LA CODEPENDENCIA?

No, no son lo mismo, aunque ambas generan relaciones dañinas y desbalanceadas.

- La dependencia emocional es de uno.
- La codependencia es de dos.

En la dependencia emocional, el problema radica en que la persona no puede regular sus propias emociones y necesita del otro para sentirse bien. Su bienestar emocional depende completamente de la presencia, la aprobación y el afecto de su pareja.

Si tú te enojas, yo me lo tomo personal. Me paso horas analizando qué hice mal porque estoy convencida de que yo provoqué tu enojo. Si tú estás triste, siento que es mi responsabilidad aliviar tu tristeza, porque en mi mente, yo debo hacer algo para que estés mejor.

El problema es que mis emociones dejan de ser mías y pasan a ser un reflejo de las tuyas. Si tú estás bien, yo estoy bien. Si tú estás mal, yo estoy mal. Mi equilibrio se desvanece porque no está dentro de mí, sino dentro de ti.

En la codependencia, la dinámica es distinta. Aquí, mi valor no depende de lo que siento, sino de lo que hago por ti. No puedo estar tranquila si no soy útil, si no estoy resolviendo tus problemas, si no estoy sosteniendo la relación.

La codependencia no es solo un problema relacional, es la raíz de muchas adicciones. Según Melody Beattie, autora del libro *Codependent No More*, la codependencia es el patrón subyacente en personas con adicciones a sustancias, trabajo, Relaciones de Riesgo o cualquier otra conducta compulsiva.

En la dependencia emocional, el miedo más grande es el abandono. En la codependencia, el miedo más grande es no ser necesaria.

La persona dependiente teme que el otro se aleje porque no sabe cómo estar sin él/ella.

La persona codependiente teme que el otro ya no la necesite porque sin ese rol, se siente vacía.

Ambas son formas de atadura emocional. En ambas, el amor se confunde con necesidad.

AYUDA VS. RESCATE: LA TRAMPA DE LA CODEPENDENCIA

Es necesario entender la diferencia entre ayudar y rescatar, porque la línea entre ambas es delgada.

- La ayuda es sana y necesaria en una relación. La pareja está para apoyarse mutuamente, pero sin despojar al otro de su poder personal.
- El rescate es malsano y desigual. No esperas a que el otro te lo pida, simplemente asumes la responsabilidad de su vida, incluso si eso significa anular la tuya.

El amor no se trata de ser la salvadora de nadie.

No es sacrificarse.

No es entregarse hasta desaparecer.

No es perder la identidad para sostener una relación.

Ambas dinámicas son perjudiciales y afectan la capacidad de una persona para mantener relaciones saludables y funcionar de manera autónoma. El proceso de recuperación de la codependencia o la dependencia emocional generalmente implica terapia y la búsqueda de un equilibrio saludable en las relaciones, donde se prioricen las necesidades y el bienestar de ambas partes de manera equitativa.

Una relación sana, es una relación en donde hay un equilibro entre dar y recibir. ¡Punto!

CONCLUSIÓN: RELACIONES BASADAS EN LA LIBERTAD, NO EN LA NECESIDAD

La única manera de salir de estos patrones es volviéndonos Seres Integrados.

Porque el amor real no es perderse en el otro, ni desaparecer para que el otro se quede. El amor real es libertad, no atadura.

LOS PEGAMENTOS DE LA RELACIÓN: QUÍTALE LOS ADHESIVOS A TU CORAZÓN ROTO

He descubierto que la esperanza, el miedo, la culpa y la vergüenza actúan como pegamentos que te mantienen adherido a una Relación de Riesgo (RdR) y te voy a explicar los motivos por los que estos cuatro factores son más efectivos que cualquier súper pegamento que imagines.

La esperanza es un sentimiento poderoso que puede mantenernos aferrados a una relación incluso cuando sabemos, en un nivel racional, que es perjudicial para nosotros. Es como aferrarse a la idea de que la persona que amamos volverá a ser quien era al principio, antes de que las cosas se complicaran. Por esto, es determinante reconocer que esta esperanza puede ser ilusoria.

En ocasiones, nos encontramos atrapados en un ciclo de recompensa intermitente, donde las veces que recibimos cariño o afecto de nuestra pareja son escasas pero intensas. Esta incertidumbre activa una parte de nuestro cerebro que responde a las recompensas, haciéndonos sentir pletóricos cuando recibimos esa dosis de atención o afecto de nuestro RA. Hay que reconocer que este patrón de comportamiento no es sostenible ni saludable a largo plazo, porque la esperanza puede convertirse en una trampa que nos impide ver la realidad (sin filtros) y tomar decisiones que protejan nuestra salud emocional y física.

César tenía un talento innegable para las reconciliaciones, sacadas directamente de escenas de una película de Hollywood. Me llevaba en su yate, brindando con champaña mientras navegábamos hacia una isla remota. Ramos de rosas, globos aerostáticos, atardeceres perfectos, como si tuviera el control hasta de los colores del cielo. Sus cartas, escritas con pasión y arrepentimiento, me aseguraban que yo era el amor de su vida, alimentando mi esperanza con promesas de un futuro juntos.

Pero no se detenía ahí. César desplegaba su generosidad de una manera que me deslumbraba, me regaló un departamento en Acapulco, en la punta de la montaña frente al mar, como símbolo de su fidelidad. ¿Y cómo podría volver a fallar con tal manifestación de compromiso?

Cada gesto estaba cuidadosamente planificado para impresionarme, para alimentar la ilusión de la pareja perfecta y para alejar mi mente del razonamiento.

Sin embargo, detrás de todo el brillo y esplendor, se escondía una verdad dolorosa. Después de elevarme hasta el cielo en globo aerostático, me dejaba caer al suelo. En ese mismo departamento, años después, me fue infiel una vez más, en mi propia cama, y por supuesto luego me llevó al notario para que le devolviera dicho departamento "símbolo de su fidelidad".

El miedo es uno de los factores que te mantiene ahí, pegada como una baldosa con cemento. Hay varios aspectos o caras del miedo que aparecen en el camino de las personas que tienen una Relación de Riesgo (RdR). El miedo al juicio de otros, por el fracaso de una relación. Yo siempre me esforzaba por justificar su comportamiento ante los demás, yo quería que todos lo vieran bien, no quería parecer tonta ante sus ojos. No quería que me vieran débil. Y me daba miedo tener que enfrentarlos, especialmente a mis amigas, y decirles: "¿Qué creen? Ustedes tenían razón".

El miedo a la soledad, a no encontrar otra pareja. Yo me veía casi, casi recluida en un convento si me separaba. Finalmente, me divorcié a los 36 años, siendo una mujer guapa, pero creyéndome una mujer vieja y fea a quién nadie iba a voltear a ver. Pensaba que mi vida ya se había terminado. Que nadie me volvería a tomar de la mano, ni a besarme. Y con la firme y falsa creencia de que a fuerza debía tener una pareja para estar bien.

El miedo a hacerles daño a otros, como a mis hijos o mis papás. César me amenazaba con inventarme a mí y a mi mamá algo, para meternos a la cárcel y después, recluir a mi papá, quién tenía demencia senil, en un asilo.

O bien el miedo a hacerte cargo de tu vida. A mí me daba pánico pensar en que tendría que hacerme cargo de mí y de mis hijos. ¿Cómo le voy a hacer para ganar dinero y mantenerme a mí y a ellos? Me preguntaba horrorizada. Yo tenía, una vez más, la firme y falsa creencia, que la mujer no era capaz de trabajar y generar dinero. Que el del dinero es el hombre, y que solamente los hombres son proveedores. Y además de todo, César siempre me recordaba que el que paga manda.

La culpa es una carga pesada que muchas personas llevan cuando están en una relación con un Rol Amenazante (RA). Es común sentirse culpable por querer terminar una relación con la pareja, incluso si esa Relación es de Riesgo. El Rol Amenazante puede manipularnos para hacernos creer que somos los responsables de los problemas en la relación, incluso cuando racionalmente podemos llegar a comprender que no es así.

–Si tú te vas, me pierdo –susurraba mientras lloraba como bebé–. Me voy a matar, porque me quitas el piso.

Así me decía y la culpa se apoderaba de mí, paralizándome ante la idea de ser responsable de su dolor, de su posible tragedia. La imagen de nuestros hijos, creciendo sin su padre, se proyectaba ante mis ojos, llenándome de angustia y culpa. César apelaba a mi sentido de responsabilidad, a mi deseo de proteger a nuestra familia, para mantenerme a su lado. Era como si su dolor se adhiriera a mí con tal fuerza que me mantenía atrapada en un ciclo de sufrimiento.

César, desesperado, se golpeaba contra la pared, dejándome desconcertada y ansiosa ante la escena. Sus palabras resonaban en mi mente como un eco inquietante: "Soy malo". El dolor que reflejaban sus ojos cortaba más profundo que cualquier golpe físico. Mi corazón se partía en mil pedazos mientras lo observaba, sintiéndome impotente y culpable.

La vergüenza es una emoción social que te da un sentido de insuficiencia. Si la vergüenza hablara te diría no eres suficiente. En el contexto de una RdR, mientras que la culpa es exterior, la vergüenza es interior. La culpa se sustenta en el hecho, la vergüenza en el ser.

En mi vida sexual con César siempre me sentí que no era lo suficientemente buena como para retenerlo. Cuando sucedía una infidelidad yo sentía que algo había mal conmigo, o era demasiado abierta o muy aburrida en la cama como para satisfacerlo.

Esto creó una dependencia enorme y me hizo creer que simplemente no podría terminar mi matrimonio porque no era suficiente para el mundo, estaba condenada a quedarme con él. Sentía vergüenza al convencerme de que "no servía para nada".

Después de leer estas historias y reflexionar sobre cómo las emociones como la esperanza, el miedo, la culpa y la vergüenza pueden mantenernos atadas a relaciones dañinas, es momento de hacer un alto y cuestionarnos:

¿Sigo atrapada en estas dinámicas?

El siguiente cuestionario te ayudará a identificar si aún hay creencias o hábitos que te mantienen en una Relación de Riesgo (RdR).

Responde Sí o No a cada pregunta.

1. ¿Sigues justificando el mal comportamiento de los demás en nombre del amor?
2. ¿Sientes que, si terminas una relación, te quedarás sin sentido de identidad?

3. ¿Tienes miedo de soltar la relación porque crees que nunca volverás a encontrar el amor?
4. ¿Cuándo te tratan bien, sientes que no lo mereces o que es "demasiado bueno para ser cierto"?
5. ¿Has cambiado aspectos esenciales de tu personalidad para que alguien no te abandone?
6. ¿Tus emociones dependen completamente de cómo te trate la otra persona?
7. ¿Te cuesta imaginar una vida sin esta relación porque sientes que no serías capaz de estar sola?
8. ¿Repites relaciones similares a las que viste en tu familia durante la infancia?
9. ¿Sigues creyendo que el amor "todo lo puede" y que con suficiente esfuerzo la relación mejorará?
10. ¿Sientes que necesitas la validación de tu pareja para sentirte suficiente?

Si respondiste "Sí" a cinco o más preguntas, es probable que sigas atrapada en patrones de apego, codependencia o dependencia emocional.

Si respondiste "Sí" a siete o más preguntas, necesitas empezar un proceso de desaprendizaje urgente para romper los ciclos destructivos.

Desaprender no significa olvidar, sino liberar tu mente de lo que ya no te sirve para construir algo mejor.

Sé que es difícil ser sinceros con nosotros mismos, pero es necesario para salir de una RdR, así que ahora veremos si ¿eres una persona codependiente o integrada?

NIVEL DE AUTONOMÍA EMOCIONAL

Ahora que has reflexionado sobre los patrones de apego en tu vida, es momento de evaluar tu nivel de autonomía emocional. Esta prueba te ayudará a identificar si aún tienes patrones de codependencia o si has avanzado hacia una integración más saludable.

Responde con la opción que mejor describa tu situación y suma tus respuestas al final.

Cuando mi pareja se enoja conmigo...

A) Me culpo automáticamente y hago lo posible por "arreglarlo".

B) Me duele, pero entiendo que ambos tenemos responsabilidad en los conflictos.

C) No me lo tomo personal, cada quien maneja sus emociones.

Si alguien me trata con respeto y estabilidad...

A) Me cuesta confiar, siento que algo malo va a pasar.

B) Me gusta, pero me da miedo abrirme completamente.

C) Me siento en paz y disfruto la relación.

Cuando mi pareja tiene un mal día...

A) Me siento responsable de su estado de ánimo e intento "arreglarlo".

B) Me afecta, pero entiendo que no es mi responsabilidad.

C) Lo apoyo sin absorber sus emociones.

Cuando una relación se vuelve tranquila y sin conflictos...

A) Me aburro y busco formas de crear tensión o drama.

B) Me cuesta adaptarme, pero intento acostumbrarme.

C) Me gusta y la disfruto.

Resultados:

Mayoría de A → Codependencia activa.

Tu forma de amar está basada en el sacrificio total. Es importante trabajar en desaprender la idea de que amor es sinónimo de sufrimiento.

Mayoría de B → En proceso de integración.

Estás en camino de construir relaciones más sanas, aunque aún tienes dudas y temores. Sigue trabajando en tu autonomía emocional.

Mayoría de C → Ser Integrado.

Has aprendido a relacionarte desde la autonomía y el amor propio. Disfrutas de las relaciones sin depender de ellas para sentirte completa.

Amar no es desaparecer dentro del otro, sino construir una relación donde ambos sean libres y plenos.

ROMPER LOS PEGAMENTOS DE LA RELACIÓN

Pero no te preocupes, hay una forma de romper los pegamentos de la relación y aquí te explicaré qué estrategias existen. El objetivo es aprender a soltar la esperanza, el miedo, la culpa y la vergüenza para dejar atrás una relación dañina.

Esperanza:

Pregúntate: ¿Estoy esperando a que cambie, aunque me ha demostrado lo contrario?

Cierra ciclos con acciones, no con promesas vacías.

Miedo:

¿Qué es lo peor que puede pasar si me voy? Escríbelo y analiza si es real o solo una creencia irracional.

Rodéate de personas que ya salieron de relaciones dañinas y hoy viven en libertad.

Culpa:

Recuerda que no eres responsable del dolor de la otra persona.
Cambia la narrativa: No estás abandonando, estás eligiéndote a ti.

Vergüenza:

La vergüenza te hace creer que "no eres suficiente", pero es una mentira.
Practica afirmaciones como: "Soy valiosa porque existo, no porque alguien me valide."

RECONSTRUYENDO MI IDENTIDAD

Cuando hemos pasado tanto tiempo en una Relación de Riesgo (RdR), es normal sentir que hemos perdido partes esenciales de nosotras. Sin embargo, podemos recuperar nuestra identidad paso a paso. Ahora realizaremos un ejercicio práctico: "Reconstruyendo mi identidad". El objetivo es redescubrir quién eres fuera de una relación dañina.

Paso 1: haz una lista de 5 cosas que amabas hacer antes de tu relación.

Paso 2: identifica qué aspectos de ti misma perdiste en la relación.

Paso 3: escribe una afirmación sobre la persona en la que te quieres convertir.

Ejemplo de afirmación:

"Soy una mujer integrada, con valores claros, que no necesita mendigar amor."

LA TRANSFORMACIÓN DE SOFÍA: UN CASO REAL DE DESAPRENDIZAJE

Si te sientes atrapada en una RdR, quiero que conozcas la historia de Sofía. Su proceso de transformación demuestra que es posible desaprender patrones destructivos y reconstruirse desde el amor propio.

- Sofía pasó 12 años en una RdR y tenía un apego ansioso. Se conformaba con migajas de amor y tenía pánico de estar sola.
- Cuando empezó a desaprender, sintió miedo. Su sistema de creencias le decía que sin él, no valía nada.
- Poco a poco comenzó a reconstruirse. Se dio cuenta de que no era la "mitad de una naranja", sino un ser completo.
- Hoy, Sofía no busca ser salvada ni salvar a nadie. Descubrió que puede sostenerse a sí misma y amar desde la plenitud.

¿Con qué parte de la historia de Sofía te identificas? ¿Cómo puedes empezar tu propio proceso de desaprendizaje?

Con estas preguntas pretendo ilustrar cómo una mujer puede desaprender patrones destructivos

DESAPRENDER PARA ELEGIR UN NUEVO CAMINO

Responde esto, desde tu experiencia: ¿Qué creencias sobre el amor y el apego necesito desaprender? ¿Cómo puedo empezar a fortalecer mi identidad? ¿Qué necesito soltar para convertirme en un Ser Integrado?

No eres una mitad buscando completarse. Eres un ser completo que merece amar desde la libertad, no desde la carencia.

6.

Reaprender

"Una persona no puede estar cómoda sin su propia aprobación".

Mark Twain

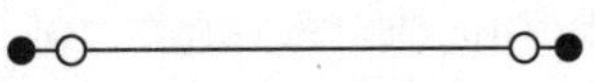

EN BÚSQUEDA DE LA LLAVE DE TU LIBERTAD

En ese momento, uno de los más bajos y oscuros de mi vida, la vi. La miré claramente mientras intentaba respirar a pesar de que las pesadas manos de César apretaban mi cuello y me era casi imposible hacerlo. Era una luz intensa que brillaba en la penumbra. Extendí mi mano hacia ella, con la determinación de quien encuentra un salvavidas en medio de un océano.

Mientras César seguía apretando sus manos con una fuerza frenética, y mi visión comenzaba a nublarse, esa luz brillante se convirtió en mi único anclaje de esperanza. Sentí que la luz estaba ahí por una razón, que debía aferrarme a ella. Parecía susurrarme palabras de aliento en medio del caos que me rodeaba.

Con toda mi fuerza logré liberar una de las manos implacables del que era mi esposo y agresor, me aferré a la vida que en ese momento era representada por esa luz flotante. Traté de alcanzarla cuando en un instante, mi madre apareció por la puerta.

Su presencia calmó la furia de César y yo aproveché el momento para liberarme por completo. La luz seguía ahí y hoy entiendo que esa luz en realidad era una llave. La llave de mi libertad.

Esa escena, tan desgarradora como liberadora, fue el punto de inflexión en mi vida. En ese instante, supe que ya no podía seguir encadenada a un destino marcado por el miedo y la violencia. Había llegado el momento de reclamar mi libertad, de tomar las riendas de mi propia vida y de jamás permitir que nadie me arrebate el poder sobre mí.

Decidí que esa luz que apareció de la nada, era la llave que necesitaba para liberarme. La tomé con determinación, con la certeza de que era el símbolo de mi emancipación. Ya no habría ambigüedad, ya no habría dudas. Estaba decidida a luchar por mi libertad, sin importar los obstáculos que se interpusieran en mi camino.

Esa noche, en medio del caos y la desesperación, encontré la fuerza para levantarme y enfrentar mi destino con valentía. Y con la llave de la libertad en mi mano, me dispuse a abrir las puertas que me separaban de la vida que siempre había soñado.

Para tener acceso a esta nueva y mejorada versión de ti debes tener una cosa: la llave de tu libertad.

Los meses pasaron y después de recuperarme de una fuerte depresión que vino como consecuencia de la pérdida de mi familia nuclear, noté que en un cofrecito había acumulado muchos tesoros físicos y materiales: medallitas de oro de los bautizos de mis hijos, los primeros aretes de mi hija, anillos, cadenitas y otras joyas. Las llevé con un joyero y le conté sobre mi idea magistral: "Quiero que fundas todas estas piezas de oro y que con ellas me hagas una llave". El pobre hombre quedó con la boca abierta.

Se negó rotundamente a hacerlo, apalancándose en un motivo que él consideraba muy fuerte: el arrepentimiento. "Loretta, una vez que fundas todo eso, no hay vuelta atrás. Nadie te va a devolver esos recuerdos", dijo seguro. Pero estaba equivocado, porque mis recuerdos ya no estaban en esas joyas inertes, mis recuerdos estaban protegidos y vivirán eternamente dentro de otro cofre que tenía mucho más valor que todos esos quilates. Esos tesoros nadie me los puede robar, cambiar, quitar y fundir.

Convencí a aquel joyero y fue así como ese día obtuve la representación física de mi llave de la libertad, eso que había aparecido como una luz brillante al rescate de mi vida, cobraba forma, peso, color y desde entonces, siempre me acompaña.

La veo como un recordatorio de mi historia, de mi reencuentro conmigo, con esa versión 2.0 de mi software, con esa Loretta que brilla solo por ser Loretta y no por ser "la esposa de", "la mamá de", "la hija de", o "la amiga de".

Después de tener la llave, escribí cartas de despedida para César y para mis dos hijos. Me tomó días hacerlo y en el proceso lloré tanto que habría podido ahogarme. Pero no lo hice, salí a flote y en el cofre en donde guardaba las joyas puse las cenizas de esas cartas que escribí y luego quemé. Las llevé hasta Acapulco, un sitio en el que alguna vez como familia construimos bonitos recuerdos (tesoros). Me metí al mar y dejé que esas cenizas se mezclaran con el agua para desaparecer. Ese día solté la esperanza que me mantenía pegada a un imposible. Ese día me liberé.

Me liberé de César y del profundo miedo que despertaba en mí y que se había convertido en mi carcelero (incluso años después de salir de una cárcel real), me liberé de la idea de ser la esposa perfecta y también la mamá perfecta, me liberé de buscar entre las sábanas remanentes casi extintos del olor de mis hijos que se habían ido, me liberé de la vergüenza, del control, del castigo, de ser menos, de desdibujarme, de amoldarme a ser la versión de mí que alguien más quería que fuera. Me liberé de ideas que me limitaban, de prejuicios sobre el trabajo y el dinero, me despojé del machismo, de las páginas rotas de cuentos de hadas, de los finales felices de Disney, y de todas esas ideas que traía tan metidas en mis células que no lograba ni notarlas.

Y al entrar en ese espacio de absoluta libertad (al que había ingresado gracias a mi llave) pude verme. Ahí estaba esperándome, pacientemente, la verdadera Loretta. Esta sí era mi escencia, más que un alma gemela o una media naranja, la versión de mí misma que me enamoró y me sigue enamorando y esa persona a quien amo intensamente, para luego amar a otros que la rodean.

La llave, tu llave, está frente a ti, al alcance de tu mano, pero prefieres ignorarla. La evitas, la esquivas, porque te consume el miedo, la culpa y una frágil esperanza de que las cosas puedan cambiar sin necesidad de actuar. Pero aquí está la verdad: El cambio en los demás es una ilusión, una quimera inalcanzable. Solo tú tienes el poder de transformarte.

Desde el momento en que llegaste a este mundo, fuiste dotado con esa llave, una herramienta poderosa que has entregado como si fuera un objeto sin valor. Cada vez que permitiste que otros la manejaran, renunciaste a una parte de ti mismo, a tu poder.

LAS CINCO REGLAS DE ORO: APRÉNDELAS DE MEMORIA

Cuando nos encontramos en una relación con una persona con rasgos psicopáticos o narcisistas, es fundamental contar con herramientas para protegernos, manteniendo el equilibrio emocional y pudiendo sacar a flote nuestra salud mental. Si bien la opción primordial es alejarse de estas Relaciones de Riesgo (RdR), en algunos casos es inevitable la convivencia o aún no estamos preparados para dejar de lidiar con un Rol Amenazante (RA). Este puede ser una pareja, una expareja con custodia compartida, un jefe autoritario, un familiar conflictivo, etc. Estas reglas son estrategias de auto preservación frente a depredadores sociales o individuos que generan discordia y que desequilibran al ser.

Las cinco Reglas de oro pueden ser la clave para salvar tu salud mental:

1. **No te enganches en la discusión:** el Rol Amenazante (RA) siempre buscará arrastrarte hacia un juego de poder y manipulación. No caigas en su trampa y no comas la carnada para que luego no puedan clavarte el anzuelo. Evita explicaciones innecesarias, ya que nunca llegarás a un entendimiento. En una relación sana, la comunicación es clave, pero con un narcisista o psicópata o depredador social, solo te agotarás intentando justificar tu comportamiento ante su constante necesidad de tener la razón.

   Aunque sea tentador no debes de caer en esas provocaciones en las que solo saldrás perjudicado y en las que erosionarás más tu autoestima. Esta posición es de amor propio y es una elección que requiere de inteligencia emocional. Mantén la calma y no permitas que te manipulen emocionalmente. Esto te empodera para reaccionar desde la lógica, y no desde la emoción.
2. **No expliques:** debes de entender que no siempre tienes que justificar tus acciones, creencias o pensamientos. El Rol Amenazante (RA) busca desestabilizarte y sacar

más material para continuar la batalla, por ello solicita constantemente explicaciones que, en realidad, no está dispuesto a comprender.

3. **No justifiques:** no te justifiques y no lo justifiques. No entres en disonancia cognitiva para intentar entender tu estadía dentro de esta Relación de Riesgo (RdR). No caigas en la trampa de tener que explicar tus acciones, decisiones, o sentimientos. Hacerlo abre la puerta a críticas, sarcasmos, invalidaciones, humillaciones y manipulaciones. Recuerda que tu validez no depende del Rol Amenazante (RA).
4. **No te lo tomes personal:** literalmente en estos casos "no eres tú, son ellos". Recuerda que el comportamiento del individuo con rasgos narcisistas, psicopáticos o cualquier depredador social, no tiene que ver contigo, porque es una manifestación de su propia disfunción y falta de empatía. Independientemente de quién esté a su lado, su conducta será la misma.
5. **Anula tus expectativas:** deja de esperar un cambio o una mejora en la situación. Mantener expectativas a futuro solo te conducirá hacia más frustración y desilusión. Acepta que esta persona no cambiará y que cualquier esperanza de una relación sana es un pozo seco del que nunca podrás tomar agua.

Seguir estas reglas de oro te permitirá sobrellevar la relación de la mejor manera posible o, si decides dejarla, te ayudará a mantener tu salud emocional en el proceso alejándote poco a poco de La Espiral del Riesgo (EdR) y abandonando tu lugar dentro del Rol

Vulnerable (RV). Estas reglas son especialmente útiles en situaciones en las que hay hijos de por medio o en las que es necesario mantener un contacto mínimo con el individuo una vez finalizada la relación sentimental. Es fundamental soltar la esperanza de cambio y aceptar la realidad para avanzar.

Además, estas reglas son aplicables a cualquier tipo de relación, ya que te empoderan para establecer límites saludables y mantener tu bienestar emocional. Al internalizar estas reglas, estarás mejor preparado para enfrentar cualquier desafío futuro y construir relaciones más saludables y equilibradas.

Y HABLANDO DE ESTABLECER LÍMITES SALUDABLES...

Límites: aprende a decir un "¡NO!" rotundo

Los límites son la base fundamental de cualquier relación saludable. Sin embargo, para muchos de nosotros, establecer límites puede resultar una tarea difícil y hasta intimidante. Nos han enseñado desde una edad temprana a complacer a los demás, a no decir "no" y a evitar el conflicto a toda costa. Esta falta de habilidad para establecer límites puede llevarnos a situaciones de vulnerabilidad y abuso en nuestras relaciones de pareja.

UN LÍMITE ES UN "NO" ROTUNDO

No requiere justificación ni explicación. No necesitas pedir permiso para establecer tus propios límites. Es una afirmación de tu autonomía y de tu derecho a ser respetado como individuo. Sin embargo, la sociedad y nuestro círculo cercano a menudo nos hacen creer que no tenemos el derecho de establecer límites claros en nuestras relaciones, o nos castigan emocionalmente cuando lo hacemos. El miedo al rechazo o al abandono puede paralizarnos, impidiéndonos defender nuestros propios límites y necesidades.

Poner límites en el contexto de una Relación de Riesgo se refiere a establecer y comunicar de manera clara y firme los límites personales y las expectativas sobre cómo debes ser tratado y qué comportamientos son aceptables o inaceptables en la relación.

En una Relación de Riesgo (RdR), poner límites implica lo siguiente:

1. **Identifica tus necesidades:** reflexiona sobre lo que necesitas y cuáles son tus "no negociables" personales en la relación. Esto puede incluir definir qué comportamientos o acciones son inaceptables para ti.
2. **Comunica tus límites:** explica de manera clara y directa a la otra persona cuáles son tus límites y expectativas. Utiliza un lenguaje asertivo y no agresivo para expresarte.
3. **Habla sobre las consecuencias:** hazle saber a la otra persona cuáles serán las consecuencias si no se respetan tus límites. Es importante estar dispuesto a hacer cumplir esas consecuencias si es necesario. Que no se queden como amenazas que usas solo para manipular.
4. **Busca apoyo:** si te resulta difícil poner límites estando dentro de una Relación de Riesgo (RdR) o si sientes que tu seguridad corre peligro, busca apoyo de amigos, familiares o profesionales de la salud mental que puedan

ayudarte a establecer y mantener límites de manera efectiva.

La primera vez que puse límites en mi relación, fue cuando me enteré de que César andaba con su asistente. Para mí fue una noticia desgarradora, pero a la vez me empoderó. Él se había salido de la casa con el pretexto de que tenía una crisis personal y se fue a vivir a un departamento. Al principio, llegaba a la casa a la hora que quería y llevaba su ropa a lavar con las chicas de servicio, y yo, creyendo que de verdad tenía una crisis, lo apoyaba. Pero una vez que supe que no se había ido por una crisis, sino que se fue para vivir su vida de soltero y tener encuentros con su amante, todo cambió. Mi psicóloga me dijo: ponle límites. Y yo jamás me había atrevido a hacerlo. Pero en esta ocasión me dio tanto coraje que los límites aparecieron. Le impedí entrar a la casa, finalmente la casa era mía porque me la dieron mis papás. Él se sorprendió de mi reacción porque jamás me había visto así de determinada. Además, puse restricción de horario para llamadas a los niños, porque hablaba hasta de madrugada y cuando le daba la gana. También le dije que ya no podía llevar su ropa a lavar. Le pedí que ya no preguntara más por mí, porque solo lo hacía con la intención de controlarme y saber qué estaba haciendo. Y el mejor límite de todos, le di un tiempo, unos meses para resolver su crisis y para que ambos tomáramos una decisión respecto a la relación.

Todas estas medidas me ayudaron a empoderarme, me dio mucho orgullo el que por primera vez pude decir que "no". Sí podía pronunciar esa sencilla palabra de dos letras sin sentirme culpable. Me sentí más digna y, sobre todo, esto me ayudó a robustecer mi autoestima. ¡Qué rico poner límites!

Poner límites claros dentro de una Relación de Riesgo (RdR), es un paso importante para protegerte y recuperar tu independencia emocional. Sin embargo, piensa que la otra persona podría no responder de manera positiva y quizá sea necesario considerar la posibilidad de terminar la relación si no se logran establecer límites de manera efectiva y esto impide mantener un ambiente seguro y saludable.

Cuando sostuve la llave de la libertad en mis manos, entendí que la verdadera transformación no ocurre solo en el exterior, sino dentro de nosotras. Liberarme de César fue solo el primer paso; el desafío más grande fue aprender a vivir sin cadenas invisibles, sin miedos arraigados, sin la necesidad de justificarme o buscar validación en los demás. Pero, ¿de qué servía tener la llave si no estaba dispuesta a usarla? Ahí es donde comenzó mi proceso de reaprendizaje.

¿Te suena familiar? Pregúntate sí realmente:

¿HAS RECUPERADO LA LLAVE DE TU LIBERTAD?

Responde Sí o No a cada pregunta.

1. ¿Tomas decisiones basadas en lo que deseas o en lo que otros esperan de ti?
2. ¿Sientes que tu felicidad depende de alguien más?
3. ¿Te da miedo hacer cambios en tu vida por temor a lo que pensarán los demás?
4. ¿Sigues justificando actitudes hirientes de las personas que amas?

5. ¿Sientes que necesitas permiso para hacer cosas que realmente quieres hacer?
6. ¿Evitas poner límites por miedo a que los demás se enojen o te abandonen?
7. ¿Sientes que aún no tienes el control total de tu vida?

Si respondiste "Sí" a cinco o más preguntas, significa que todavía no has tomado la llave de tu libertad.

Si respondiste "Sí" a menos de cuatro preguntas, significa que ya has empezado a reaprender, pero aún tienes trabajo por hacer.

Si respondiste "No" a todas o casi todas, significa que ya has recuperado tu libertad emocional.

La libertad no es un destino, sino una decisión que tomas cada día.

Cuando respondí estas preguntas por primera vez, me di cuenta de que aún tenía trabajo por hacer. Me había liberado físicamente, pero emocionalmente todavía me encontraba atrapada en dinámicas que drenaban mi energía y debilitaban mi autoestima. Fue entonces cuando entendí que recuperar mi libertad no era un solo acto, sino una decisión diaria.

Y dentro de esa decisión, había algo fundamental que debía aprender: establecer límites.

Fue un proceso incómodo y aterrador al inicio, porque toda mi vida había sido una persona complaciente, alguien que buscaba evitar conflictos a toda costa. Pero descubrí que cada vez que me negaba a poner un límite, le entregaba mi llave a otra persona.

Para saber si eres una persona que sigue cediendo o establece limites, elige la opción que mejor represente tu situación:

1. **Cuando alguien te pide algo que no quieres hacer...**
   A) Lo hago aunque no quiera, para evitar conflictos.
   B) A veces digo que no, pero luego me siento culpable.
   C) Digo que no sin culpa, porque respeto mis límites.

2. **Si alguien intenta manipularte emocionalmente...**
   A) Me siento obligada a ceder y complacer.
   B) Intento resistir, pero a veces termino cediendo.
   C) No permito manipulaciones y me mantengo firme.

3. **Cuando alguien me dice algo hiriente...**
   A) Me callo y evito confrontaciones.
   B) A veces me defiendo, pero no siempre.
   C) Expreso cómo me siento y exijo respeto.

Mayoría de A → Aún no has aprendido a poner límites.

Mayoría de B → Estás en proceso de aprendizaje, pero te sigue costando decir "no".

Mayoría de C → Has reaprendido a protegerte y defenderte.

Poner límites no te hace una mala persona, te hace una persona libre.

CÓMO APLICAR LAS CINCO REGLAS DE ORO

El objetivo es aprender a evitar trampas emocionales y reforzar tu libertad.

Estrategias:

1. **No te enganches**

   No gastes energía discutiendo con alguien que no busca entender.

   Técnica: responde con neutralidad: "No voy a discutir esto contigo ahora."

2. **No expliques**

   No necesitas justificarte por poner límites.

   Técnica: el "No" es una oración completa: "Gracias, pero no."

3. **No justifiques**

   Si alguien insiste en que expliques tu decisión, mantente firme.

   Técnica: usa la "técnica del disco rayado": "No quiero hacerlo, gracias" (y no cambies tu respuesta).

4. **No te lo tomes personal**

   Lo que otros hacen o dicen es un reflejo de ellos, no de ti.

   Técnica: imagina una barrera de cristal y deja que sus palabras reboten sin afectarte.

5. **Anula tus expectativas**

   Acepta que la otra persona no va a cambiar, solo tú puedes decidir cómo reaccionar.

Técnica: usa el mantra del desapego: "No espero nada de esta persona, me libero de la frustración."

Estas reglas se pueden convertir en una brújula. Se convirtieron en mi escudo y mi brújula. Cada vez que sientas que alguien intenta hacerte dudar, cada vez que el miedo al rechazo amenace con hacerte retroceder, recuerda:

La llave de mi libertad está en mis manos, y no la soltaré por nada ni por nadie.

Deja de esperar que los demás cambien, la única persona que tiene el poder de transformar la situación eres tú. Toma tu llave.

RECLAMA LA LLAVE DE TU LIBERTAD

El objetivo es hacer que tomemos consciencia de qué nos ha mantenido atrapadas y qué necesitamos hacer para liberarno.

Paso 1: responde:

- ¿A quién le has entregado la llave de tu libertad?
- ¿Por qué crees que sigues sin tomarla completamente?

Paso 2: escribe una carta simbólica devolviéndote tu llave.

Paso 3: quema la carta o rómpela, simbolizando que recuperas el control.

La llave de tu libertad siempre ha estado en tus manos.

HISTORIA DE CAROLINA

Carolina pasó años en una RdR, donde nunca decía lo que pensaba por miedo a enojar a su pareja. Aprendió las cinco reglas de oro y comenzó a poner límites. Su pareja intentó manipularla, pero ella se mantuvo firme. Hoy Carolina ya no justifica, no se engancha y no espera que los demás cambien.

Reflexión.

- ¿Con qué parte de la historia de Carolina te identificas?
- ¿Qué reglas de oro necesitas aplicar en tu vida ahora mismo?

No olvides: "Tu libertad es tu responsabilidad."

- ¿Qué decisiones tomaré hoy para reclamar mi poder personal?
- ¿Cómo puedo reafirmar mis límites en mi vida diaria?
- ¿Qué debo dejar de justificar para convertirme en la mujer libre que quiero ser?

Tú eres la única persona que tiene el derecho y el poderde decidir sobre tu vida. Nadie más.

Las llaves tienen un poder simbólico profundo. Abren y cierran puertas, liberan, protegen y dan acceso a nuevos comienzos. Como ya te conté, durante mucho tiempo viví atrapada en una jaula invisible, una jaula donde el miedo, la culpa, la esperanza y la vergüenza eran los barrotes que me mantenían encerrada. Hasta que un día decidí ser libre.

Esa llave que me hizo el joyero, me ha acompañado en conferencias, en mis momentos de duda, en mis momentos de fortaleza. Me recuerda que yo soy la única dueña de mi vida, que puedo abrir las puertas que quiera y cerrar las que ya no me sirven. En el plano emocional, físico, mental y espiritual, esta llave es mi símbolo de transformación.

Te invito a crear tu propio símbolo de libertad. No tiene que ser una llave si no lo deseas. Puede ser una mariposa que represente tu transformación, una estrella que guíe tus pasos, un anillo que simbolice tu compromiso contigo misma. Lo importante es que elijas algo que represente el momento en que decidiste ser libre, el día que dejaste de esperar a que alguien más te rescatara y tomaste las riendas de tu destino.

Porque al final, la llave siempre ha estado en tus manos.

¿Qué símbolo elegirás para recordar tu libertad?

7.

Autoestima: el arte de saber amarte

"Usted mismo, como cualquier otro en el universo, merece su amor y afecto".

Buda

Me encantaría que antes de profundizar en este capítulo te tomaras un momento para reflexionar: cuando piensas en ti, ¿qué es lo primero que viene a tu mente? ¿Sientes que tu autoestima depende de una sola área de tu vida? Si pierdes algo importante (una relación, un trabajo, un proyecto), ¿te derrumbas o puedes sostenerte en otras áreas?

Con eso en mente, te digo que la autoestima no es un solo bloque, está dividida en 7 áreas. Algunas pueden estar más fortalecidas que otras, y eso es completamente normal. El equilibrio se logra al trabajar en cada una, no en depender de una sola.

SIN BUENA AUTOESTIMA NO HAY RELACIONES SANAS

Si hay algo que determina la calidad de nuestra vida y nuestras relaciones, es la autoestima. Una autoestima robusta y sana es la base para amarnos sólidamente, para sentirnos bien y elegir relaciones saludables y enriquecedoras. Sin una autoestima bien desarrollada, corremos el riesgo de caer nuevamente en Relaciones de Riesgo, simplemente cambiando de pareja, pero repitiendo los mismos patrones destructivos.

La buena noticia es que puedes desarrollar y mejorar tu autoestima, sin embargo, para ello primero hay que entender el tema en profundidad. De esta forma podrás construirla, robustecerla e incrementarla.

HABLEMOS DE AUTOESTIMA

Ahora que todo el mundo habla de autoestima, me gustaría que te quedaras con la siguiente idea: la autoestima no es un concepto de moda, sino una necesidad fundamental que influye en cada aspecto de tu existencia. ¿Cómo te ves a ti misma? ¿Qué valor te otorgas? Estas son preguntas que definen tu autoestima.

La base de la autoestima se establece en la infancia, moldeada por la mirada de tus padres. Sus palabras, gestos y acciones crean un marco en el que te percibes y también al mundo que te rodea. Si recibiste amor, apoyo y aliento, es probable que hayas desarrollado una autoestima robusta. Pero si, por el contrario, experimentaste críticas, rechazo o abandono, es seguro que tu autoestima está comprometida.

Si yo te invitara a ver la película de mi vida, seguramente dirías: ¡Hay qué bonita! Siempre cuidada por unos papás amorosos, nunca tuve carencias económicas, era chaparrita pero bonita y una linda persona. ¿Entonces por qué tuve una autoestima tan comprometida, tan baja?

A pesar de tener estos padres amorosos, a mí me enseñaron que yo debía ser una niña perfecta para recibir ese amor. Cuando nací, las primeras palabras de mi papá fueron: ¡Qué fea está esta niña! Porque debido a lo prolongado del parto, nací con la cabeza alargada o "cabeza de molde". Y siempre viví con esto, la situación se convirtió hasta en un chiste de la familia. Y debido a esta exigencia de perfección, cuando no cumplía con las expectativas de mi casa, mi papá me castigaba dejándome de hablar y eso me hacía sentir que no existía, lo cual afectó muchísimo mi autoestima, ya que "no era perfecta" y, entonces, me tenía que esforzar por volver a existir en su mundo. Mi mamá, por su parte, me controlaba con solo mirarme. Si una tía me decía: "¿Quieres un refresco?", yo tenía que voltear a verla y ella con la mirada me decía si podía aceptar o no. Sentía que no tenía decisión propia, además, mi madre estuvo mucho tiempo enferma y el miedo a perderla me hacía sentir muy vulnerable.

Esas acciones las interpreté como que yo no valgo por mí, por quien soy, mi nivel de merecimiento y mi sentido de suficiencia y el valor que me daba estaba basado en portarme bien, seguir las normas y en ser perfecta. A mí sí me inculcaron el: "Calladita te ves más bonita." Siempre escuché la frase. "Las niñas buenas..." Eso me generó una gran inseguridad, no me permitía fallar nunca, por lo que crecí con una mirada distorsionada de mí, crecí creyendo que era tonta por no sacar siempre diez, como mi hermana, que casi no estudiaba y a mí, que estudiaba tanto, me alcanzaba apenas para un siete. En fin, si no era perfecta significaba que no me iban a querer.

La poca estima que rescaté de mi niñez, me la dio principalmente mi mamá quien, a pesar de que me controlaba con la mirada, me hizo sentir que no importaban mis resultados, ella sí me amaba por quién era.

La autoestima no es un concepto binario que "se tiene" o "no se tiene". Es más bien un espectro que abarca diferentes áreas de tu vida, cada una con su propio nivel de autoestima. Puedes sentirte segura en algunas áreas, pero insegura en otras. El desafío radica en trabajar constantemente para fortalecer tu autoestima en todas estas facetas.

La autoestima, además, es dinámica y puede fluctuar a lo largo del tiempo. Es normal tener altibajos, pero lo importante es cultivar una base sólida que te permita enfrentar los desafíos de la vida con confianza.

¿CUÁL ES EL ORIGEN Y EL DESARROLLO DE LA AUTOESTIMA?

La autoestima empieza a formarse desde la infancia, a través de la mirada y las acciones de nuestros padres y cuidadores. Si nuestros padres nos miran con amor, nos tratan con cariño y nos empoderan, es muy probable que desarrollemos una autoestima saludable. Cada acción y omisión de nuestros padres forma una cadena que contribuye a nuestra primera autovaloración.

La psicología nos ofrece varias teorías sobre cómo se desarrolla la autoestima. Carl Rogers, por ejemplo, habla de la importancia de la aceptación incondicional positiva. Según Rogers, para desarrollar una autoestima saludable, es fundamental sentir que somos aceptados y valorados sin condiciones. Abraham Maslow, otro psicólogo destacado, incluyó la autoestima en su famosa pirámide de necesidades humanas. Maslow explicó que la autoestima es una necesidad crucial que debe satisfacerse para que alcancemos nuestro pleno potencial.

Además de la familia, la educación y el entorno social también juegan un papel primordial en la formación de nuestra autoestima. La manera en que nos tratan nuestros maestros, compañeros y amigos puede reforzar o debilitar nuestra autoestima. Si recibimos apoyo, reconocimiento y respeto en nuestro entorno escolar y social, es más probable que desarrollemos una autoestima sana o positiva. Por el contrario, si experimentamos constantes críticas, rechazo o bullying (acoso escolar), nuestra autoestima muy probablemente se verá afectada.

¿CÓMO CONSTRUIR TU AUTOESTIMA?

Ya conoces gran parte de mi historia. Como sabes, durante 16 años estuve atrapada en una Relación de Riesgo con un psicópata, en donde me desdibujé, perdí mi identidad y mi autoestima estaba totalmente socavada. Estaba anulada como persona. No me quería, no me gustaba, no me caía bien y ni siquiera me conocía.

Mi autoestima estaba en ruinas, pero había una "chispita" que aún mantenía mi luz y esa "chispita" fue la que me hizo tocar fondo. Así me atreví a enfrentar a mi Rol Agresor (RA), soltar la Relación de Riesgo y comenzar otra vez de cero. A pesar de que fue muy doloroso y difícil, no claudiqué en el intento. Me dediqué a conocerme, a abrazar tanto mi lado luminoso como mi lado oscuro. Empecé a confiar en mí, a creer en mí y a verme con amor, flexibilidad, paciencia y compasión.

Descubrí el gran lado luminoso que sí tengo. Empecé a reconocerme, a trabajar mi lado oscuro, a saber que sí podía y que sí valía. Por eso he logrado salir adelante. El camino ha sido muy tortuoso, pero construir la relación más importante del mundo, que es conmigo misma, ha sido lo mejor que he hecho en mi vida.

Gracias a que he robustecido mi autoestima, he podido construir una vida plena y maravillosa por y para mí. Esto es un trabajo de todos los días. No soy perfecta, pero sí sé que soy el amor de mi vida, que puedo, que valgo y que soy una mujer sumamente resiliente que se ha adaptado a todas las circunstancias adversas de la vida y que lo seguiré haciendo. Fortalecer la autoestima es un proceso continuo. Cada pequeño paso nos acercará a una mejor versión y a desplegar el verdadero potencial.

Como ya comenté, el camino ha sido arduo, pero logré vencer los obstáculos y todo esto fue gracias al trabajo personal y a mi entendimiento profundo sobre cómo desarrollar mi autoestima, por lo que aquí te comparto mi plan, lo que hice exactamente para conseguirlo.

MI PLAN PARA ENTENDER Y ROBUSTECER LA AUTOESTIMA

Consciencia e identidad

El primer paso fue hacer consciencia, que es la base para desarrollar una autoestima sólida. Elevar nuestro nivel de consciencia implica darnos cuenta de nuestros pensamientos, emociones y comportamientos, y reflexionar sobre ellos. Solo cuando somos conscientes de nosotras mismas, podemos empezar a trabajar en nuestra autoestima. El primer paso consiste en querer ser diferentes y, desde luego, ser mejores.

Una vez que elevamos nuestra consciencia, comenzamos a formar nuestra identidad. La identidad es la percepción que tenemos de nosotras mismas, nuestra autoimagen. Saber quiénes somos como seres humanos es fundamental para nuestra autoestima y aquí el primer paso es descubrirnos y responder con claridad la pregunta ¿quién soy?

Ahora, te sugiero hacer una pausa en la lectura y que te tomes un tiempo para reflexionar profundamente. ¿Podrías responder a esa pregunta?

¿Quién eres realmente? No me refiero a los roles que desempeñas como madre, pareja, esposa, hija, hermana, amiga o profesional. Aquí de lo que se trata es de que reflexiones sobre tus virtudes, cualidades, fortalezas, tu lado luminoso y también sobre tus debilidades, limitaciones, carencias y tu lado oscuro, porque todo eso eres tú. El objetivo es saber de qué estás hecha y conocer tus características más profundas, que es un paso indispensable para desarrollar una autoestima robusta.

Tal vez al principio no se te ocurra cómo responder esa pregunta. No te preocupes, es cuestión de paciencia, de tomarlo con calma. Si en tantos años no has sabido descifrar claramente quién eres, no lo harás en unos minutos de reflexión. Sin embargo, confía plenamente en que poco a poco te llegará la respuesta acerca de quién eres en este momento de tu vida, y será la que haga sentido para ti.

Mientras tanto, echemos un vistazo a todos los componentes, elementos, pilares y áreas que componen la autoestima. Ten presente que la única forma para que tu autoestima crezca es entendiendo estos conceptos.

Como en todo gran engranaje, en la autoestima tenemos una serie de elementos que están interconectados, todos tienen un papel específico y deben estar en equilibrio para que la autoestima sea fuerte y saludable.

Para que te sea más fácil, te explico que la autoestima tiene elementos, componentes, pilares y áreas que son, por así declirlo, los compartimientos que la integran.

LOS TRES ELEMENTOS QUE INTEGRAN LA AUTOESTIMA: COGNITIVO, AFECTIVO Y CONDUCTUAL

1. **Cognitivo:** este elemento es el que tiene que ver con la percepción de nosotras. En otras palabras, se trata de cómo nos vemos y nos definimos. Aquí se incluyen nuestras ideas, opiniones, creencias y percepciones sobre nosotras.
2. **Afectivo:** este elemento tiene que ver con los sentimientos hacia nosotras. Aquí se incluyen nuestros valores emocionales, entre los cuales están aspectos de luz como el amor propio, la admiración, pero también aspectos oscuros como el rechazo y el abandono hacia nosotras mismas.
3. **Conductual:** este tercer elemento se refiere a nuestras acciones y comportamientos basados en nuestras creencias y sentimientos. Aquí se incluyen nuestras decisiones, intenciones y cómo actuamos en la vida diaria.

Estos tres elementos trabajan juntos conformando nuestra autoestima. Si tenemos pensamientos negativos sobre nosotras mismas (elemento cognitivo), nos sentiremos emocionalmente mal (elemento afectivo), lo que provocará que nuestras acciones reflejen esa baja autoestima (elemento conductual).

LOS DOS COMPONENTES DE LA AUTOESTIMA

Después de los tres elementos, debes conocer el siguiente compartimiento donde se ubican los dos principales componentes de la autoestima: la autovalía y las autocompetencias.

1. **Autovalía:** este componente se refiere a cómo te valoras. Por ejemplo, si te sientes digna de amor y respeto. Sentir que merecemos amor y respeto es fundamental para nuestra autoestima. Este componente es el sentido del "YO VALGO".
2. **Autocompetencias:** este componente tiene que ver con la manera cómo percibimos nuestras habilidades y capacidades. Sentir que eres competente en lo que haces refuerza la autoestima y te motiva a seguir creciendo y desarrollándote. Este componente te da el sentido del "YO PUEDO", el cual es indispensable para enfrentar los desafíos de la vida con confianza y determinación.

Ahora bien, tanto los elementos como los componentes, se apoyan en seis pilares. Piensa en la autoestima como en una construcción que necesita pilares o columnas que la sostengan, cada uno es igual de importante y para que la autoestima sea fuerte, cada pilar debe estar bien cimentado.

PILARES DE LA AUTOESTIMA

1. **Autocuidado:** este pilar tiene que ver con el cuidado de la salud física, emocional y mental. ¿Qué se requiere

para que este pilar sea fuerte? Tener hábitos saludables como ejercitarse regularmente; que lleves una alimentación balanceada; que descanses lo suficiente y que acudas al médico para revisiones de rutina.

2. **Autoimagen o autoconcepto:** este pilar equivale a cómo te ves a ti misma. ¿Qué se necesita para que este pilar sea fuerte? Que esa autoimagen sea positiva. En otras palabras, implica que te aceptes como eres, con tus luces y sombras. Aquí también hay que trabajar en nuestra autoimagen, es decir, en cuidarnos físicamente para que nuestro aspecto sea óptimo.
3. **Amor propio:** este pilar se refiere al reconocimiento de tu valor intrínseco. ¿Qué necesitas para que este pilar sea sólido? Aquí es indispensable que te sientas valiosa, digna de amor y respeto. Practicar el amor propio y la aceptación ayuda a fortalecer el concepto de autovalía.
4. **Asertividad y límites:** este pilar representa tu capacidad de ser asertiva, así como de establecer límites claros a quienes te rodean. ¿Qué es ser asertiva? Es poder expresar con firmeza tus necesidades, deseos y sentimientos, de manera clara y respetuosa. ¿En qué consiste establecer límites? En aprender a decir NO, sin culpa. Cuando pones un límite no das explicaciones, no pides permiso y no informas el porqué de tus decisiones. Los límites son fundamentales porque hacen que los demás no crucen el lindero que protege nuestro ser. Solo los adultos responsables saben marcar límites y aceptar los límites de los demás sin ofenderse.
5. **Propósito de vida:** este pilar consiste en tener un propósito claro en la vida que te dé dirección y motivación.

¿Qué requieres para que este pilar esté bien cimentado? Identificar y perseguir tus metas y sueños; esto te ayudará a sentirte realizada y fortalecerá tu autoestima.

6. **Congruencia:** este pilar es la alineación entre lo que pensamos, sentimos y hacemos. ¿Qué exige este pilar para funcionar correctamente? Que vivas y actúes de manera auténtica y en armonía con tus valores y creencias. Y al ser congruente, refuerzas tu autoestima.

ÁREAS DE LA AUTOESTIMA

Es importante entender que la autoestima no es un concepto monolítico. Puede variar significativamente en diferentes áreas de nuestra vida y fluctuar con el tiempo, porque somos seres en constante evolución. Por ejemplo, tomemos el caso de una mujer que aparentemente tiene una autoestima muy robusta porque es directora de una compañía internacional. Sin embargo, esta misma mujer puede sufrir del "Síndrome del impostor" (Es un fenómeno psicológico que te afecta cuando crees que no eres lo suficientemente inteligente, creativo, capaz), lo que indica que en el área del "yo" no ha trabajado lo suficiente en su autoconfianza y aceptación.

Aquí te doy otro caso que ilustra cómo hay diferencias en los distintos planos de la autoestima. Digamos que alguien tiene una autoestima sólida en su carrera profesional y que pone toda su valía en el hecho de ser independiente económicamente, pero, por otro lado, depende emocionalmente de su pareja. Si esa relación de pareja termina, esa persona tal vez se sienta completamente perdida y fracasada. Al dividir la autoestima en diferentes áreas, podemos hacer una evaluación más precisa y veraz. Esto nos ayuda a identificar en qué áreas somos fuertes y en cuáles necesitamos trabajar más.

Si una mujer ha fortalecido todas las áreas de su autoestima, será capaz de manejar positivamente situaciones adversas. Por ejemplo, si pierde su trabajo, sabrá que su valor no depende únicamente de su éxito profesional porque tiene una autoestima robusta en otras áreas de su vida. Esto le permitirá enfrentar los desafíos con mayor resiliencia y confianza.

De ahí la importancia de identificar cada área de la autoestima para analizarlas y trabajar en aquellas que requieran fortalecerse. A continuación, te presento dichas áreas:

1. **Área personal (YO):** se refiere a la relación que tenemos con nosotras y es la base de nuestra autoestima. Esta incluye cómo nos tratamos, cómo nos hablamos y cómo nos vemos.
2. **Área sexual:** se refiere a cómo nos sentimos respecto a nuestra sexualidad; debemos estar cómodas y sentirnos seguras con nuestro cuerpo y de no experimentar culpa por sentir placer. No avergonzarnos de que somos mujeres y saber que tenemos derecho a disfrutar.
3. **Área de la pareja:** la relación que tenemos con nuestra pareja puede influir significativamente en nuestra autoestima. ¿Qué tanto valor me doy a través de mi pareja? Es fundamental mantener relaciones de pareja saludables, basadas en el respeto y el crecimiento mutuos.
4. **Área familiar:** la relación con la familia de origen y nuclear también afecta nuestra autoestima. Es vital esta-

blecer límites saludables y mantener relaciones familiares basadas en el respeto y el amor.

5. **Área social:** nuestras amistades y relaciones sociales contribuyen a nuestra autoestima. Mantener relaciones sociales saludables y significativas nos ayuda a sentirnos valoradas y apoyadas.
6. **Área profesional:** esta es el área relacionada con la carrera profesional y el trabajo que también juegan un papel fundamental en la autoestima. Para una autoestima fuerte, debes sentirte competente y valorada en tu actividad profesional; en este rubro también se incluyen las actividades del hogar que son un trabajo que merece reconocimiento.
7. **Área espiritual:** aquí se toman en cuenta los aspectos religiosos, espirituales y filosóficos. Nuestra conexión con un poder superior ya sea a través de una religión, una filosofía o una práctica espiritual, también fortalece la autoestima. Sentir que pertenecemos y que nuestra vida tiene un propósito más allá de lo material, nos ayuda a mantener una perspectiva positiva y equilibrada en la vida.

RECONCILIARNOS CON NUESTRO CUERPO

Para blindar la autoestima es necesario que todos los conceptos, elementos, pilares y áreas que la conforman estén en equilibrio en el plano mental, espiritual y físico. Este último es especialmente vulnerable por la existencia de estereotipos y porque la anatomía y fisiología de las mujeres está diseñada para albergar y dar vida a los hijos, lo que somete al cuerpo femenino a muchos desbalances, cambios y situaciones estresantes que modifican su fisonomía y son capaces de generar problemas de aceptación.

A la mayoría de las mujeres nos cuesta mucho trabajo aceptarnos, admitir nuestro cuerpo tal cual es. Una parte fundamental de la autoestima recae en esta reconciliación. Esto no quiere decir que lo abandonemos y que dejemos de cuidarlo, pero sí que lo aceptemos como es. Para que puedas reconciliarte con tu cuerpo, a continuación, te doy algunas estrategias que estoy segura de que te resultarán útiles.

1. **Aceptación y amor propio:** entiende que las llantitas, la celulitis, las arruguitas, cicatrices y estrías, son parte de ti y te hacen única. La aceptación no significa conformismo, sino amor propio y respeto por tu cuerpo.
2. **Dile adiós a los estereotipos de belleza:** los estándares de belleza son imposiciones sociales. Todas somos hermosas de alguna u otra manera. No permitas que estos estereotipos determinen tu valor.
3. **Abraza tu belleza real:** aprende a ver y a apreciar tu belleza auténtica. Cada una de nosotras tiene características únicas que nos hacen especiales.
4. **Practica la autoafirmación:** mírate en el espejo diariamente y di cosas positivas sobre tu cuerpo. Al principio te costará trabajo, incluso puede resultarte incómodo, pero hazlo hasta que lo sientes de verdad. Agradécele a tu cuerpo por todo lo que te permite hacer.
5. **Vive con plena confianza:** la verdadera confianza viene de aceptarte y amarte por quien eres. Camina segura de

ti misma y celebra tu cuerpo en cada etapa de la vida. No le temas a la edad, porque son los años los que realmente incrementan tu belleza interior.

6. **Escríbele una carta de amor y gratitud a tu cuerpo:** reconoce en ella todo lo que haces por ti y comprométete a cuidarlo, respetarlo y amarlo como es.

Como todo lo que vale la pena, el fortalecimiento de la autoestima requiere de disciplina, perseverancia y tiempo. Pero para mí y para cientos de personas que he ayudado y acompañado en terapia la autoestima es uno de los primeros pasos que debes salir de una RdR, para recupar tu valor, tu vida, y por supuesto, para abrirle la puerta a una relación sana. Al igual que tu bienestar emocional, la autoestima no depende solo de un aspecto de tu vida. Es fundamental que te enfoques en fortalecer todas las áreas, porque cuando una parte de tu vida se tambalea, las otras pueden ayudarte a sostenerte. La autoestima no es algo que se construye en un solo momento o área, es un proceso continuo y multifacético.

Reflexión: ¿Cómo está tu autoestima en sus 7 áreas?

Responde Sí o No a cada afirmación. Al final, contarás cuántas respuestas afirmativas tienes en cada área.

Área 1: autoestima personal (YO)

- ○ Me hablo con respeto y amor.
- ○ Me permito equivocarme sin sentirme insuficiente.

- Confío en mí para tomar decisiones.
- Puedo estar sola sin sentirme vacía.
- Reconozco mis logros y cualidades sin restarles importancia.

Área 2: autoestima en la sexualidad

- Me siento cómoda con mi cuerpo y su sexualidad.
- No me avergüenzo de mis deseos o necesidades sexuales.
- Sé que merezco placer sin culpa ni miedo.
- Me respeto a nivel físico y pongo límites en mi intimidad.
- No me siento obligada a complacer a otros para ser aceptada.

Área 3: autoestima en la pareja (o soltería)

- No necesito una pareja para sentirme completa.
- Si tengo pareja, sé que el amor sano se basa en respeto y equilibrio.
- No dependo emocionalmente de alguien para sentirme valiosa.
- No permanezco en relaciones que me lastiman por miedo a la soledad.
- Disfruto mi soltería sin sentir que me falta algo.

Área 4: autoestima familiar

- Pongo límites con mi familia sin sentir culpa.
- No me siento responsable de la felicidad de mis familiares.

- No me dejo manipular por expectativas familiares.
- Puedo expresar mis necesidades sin miedo al rechazo.
- Entiendo que mi familia no define mi valía.

Área 5: autoestima social

- Disfruto mis relaciones con amigos sin depender de su aprobación.
- No me comparo constantemente con los demás.
- No temo decir "no" en situaciones sociales que no quiero.
- No me esfuerzo por encajar a costa de mi autenticidad.
- Me rodeo de personas que me aportan bienestar.

Área 6: autoestima profesional

- Me siento capaz de enfrentar retos laborales sin sentirme menos.
- No me da miedo pedir lo que merezco en el trabajo.
- Sé que mi valor no depende de mi éxito laboral.
- No me paraliza el miedo a fracasar.
- Me permito explorar nuevas oportunidades sin sentirme incapaz.

Área 7: autoestima espiritual

- Tengo una conexión con algo más grande que yo (Dios, el universo, la naturaleza, etc.).
- Encuentro propósito en mi vida más allá de lo material.
- Me permito momentos de introspección y crecimiento personal.

- Acepto que hay cosas fuera de mi control y fluyo con la vida.
- Cultivo mi paz interior sin depender de circunstancias externas.

RESULTADOS: ¿EN QUÉ ÁREAS NECESITAS FORTALECER TU AUTOESTIMA?

Cuenta cuántas respuestas afirmativas tienes en cada área:

4 o 5 respuestas "Sí" → Tienes una autoestima fuerte en esta área.

2 o 3 respuestas "Sí" → Hay aspectos que podrías fortalecer.

0 o 1 respuesta "Sí" → Es importante trabajar en esta área para mejorar tu autoestima.

Si una parte de tu vida se tambalea, como por ejemplo, tu relación de pareja o tu situación profesional, las otras áreas de tu autoestima (como la personal, social o espiritual) pueden ayudarte a mantener tu estabilidad y bienestar. Este enfoque equilibrado te permitirá ser más resiliente en momentos difíciles.

FORTALECIENDO TU AUTOESTIMA EN LAS 7 ÁREAS

Escribe una acción concreta que harás para fortalecer cada área.

Ejemplo:

- Personal (YO): haré afirmaciones positivas todos los días.
- Sexualidad: exploraré mi placer sin culpa ni miedo.
- Pareja/soltería: evaluaré si mi relación es equilibrada o disfrutaré mi independencia.
- Familiar: pondré límites sin sentir culpa.
- Social: no me rodearé de personas que me resten energía.
- Profesional: confiaré en mi talento y pediré reconocimiento.
- Espiritual: dedicaré tiempo a mi paz interior.

Comprométete a realizar estos cambios poco a poco.

Tu autoestima es tu ancla.

La autoestima no es un concepto abstracto ni un lujo; es la base sobre la cual construyes tu vida. No permitas que una sola área defina tu valor. Si trabajas en todas las áreas, tendrás una base sólida que te permitirá sostenerte en cualquier circunstancia y te ayudará a manejar mejor los desafíos que enfrentas.

Escribe esto en tu diario: Si hoy tuvieras que construir una base sólida para tu autoestima, ¿qué cambios harías en tu vida?

8.

Componentes de una relación sana

"El amor no reclama posesiones,
sino que da libertad".

Rabindranath Tagore

AHORA SÍ, ES MOMENTO DE SANAR

Mario, mi compañero de vida, se cruzó en mi camino como un "amigo". Pero su paso por mi historia implica mucho más que una amistad que evolucionó hacia una relación de pareja. Y es que él llegó a mí para hacerme entender que se pude salir del rojo, para pasar al verde y permanecer en esa zona segura. Y sobre colores vamos a hablar en este capítulo.

Conocí a Mario en un momento en que ambos estábamos solteros y sin compromisos sentimentales, pero antes de pensar en planes a futuro juntos, primero nos convertimos en buenos amigos. Compartíamos momentos de diversión y complicidad, pero sin llegar a cruzar la línea de lo romántico. Aunque Mario sí pretendía algo más conmigo y es un gran partido, yo me mantuve firme en mi idea de que primero necesitaba ser una mujer independiente y autónoma en todos los sentidos, tanto emocional como económico, mental y físico. Yo quería llegar a estar en una posición en la que al elegir a una pareja no fuera porque lo necesitaba sino porque así lo quería. Y así nos mantuvimos por seis largos años, el tiempo suficiente para que nuestra amistad se hiciera tan sólida como una roca.

Nunca llegamos a dimensionarlo, pero fue un momento de dolor y pérdida lo que marcó el comienzo de una nueva etapa en nuestra relación. Cuando Mario perdió a su madre, estuve a su lado para brindarle consuelo y apoyo incondicional. Fue entonces cuando él más allá de compartir conmigo su tristeza, decidió sincerarse y hablarme de sus verdaderos sentimientos. Lo hizo mientras disfrutábamos de una rica comida. La escena era cotidiana, pero su declaración cambió el rumbo del almuerzo y pronto haría lo mismo con mi vida.

Aquella declaración de amor en medio del duelo me tomó por sorpresa, pero también despertó emociones que había mantenido ocultas durante mucho tiempo. No era que las hubiera querido guardar y empolvar, era que ni siquiera sabía que "esos sentimientos hacia él" estaban ahí, viviendo dentro de mi ser.

Mario comenzó a acomodarse en la silla y su lenguaje corporal me hizo anticipar lo que él estaba por decirme. De pronto el murmullo de las conversaciones a nuestro alrededor se desvaneció y nos dejaron a solas, en nuestro propio mundo. Mario estaba, quizá, buscando las palabras correctas para expresar bien sus sentimientos. Sus ojos, sinceros, buscaban los míos con una intensidad cautivadora. Finalmente, respiró hondo y me tomó de la mano con ternura.

—Loretta —dijo con la voz entrecortada—. Hay algo que necesito decirte.

De inmediato lo miré expectante y sentí como los latidos de mi corazón se mudaron de mi pecho y se instalaron en mi cabeza. Mario continuó con su discurso improvisado.

—Desde el momento en que te conocí, supe que eras especial. Has sido mi amiga, mi confidente y mi apoyo incondicional durante tantos años. Pero ahora, siento que nuestro vínculo, al menos de mi parte, es más profundo que eso. Siento que podría haber algo más entre nosotros, algo que va más allá de la amistad que tenemos.

En un momento de valentía, Mario se inclinó hacia adelante y, con delicadeza, rozó mis labios con un beso suave pero apasionado. Si antes los murmullos que nos rodeaban parecieron difuminarse, en ese momento sentí que se detuvo todo mi mundo. Cuando nos separamos del beso, nuestras respiraciones entrecortadas eran lo único que yo podía escuchar.

—Quiero que seas mi novia —dijo Mario con determinación, mientras su voz resonaba con seguridad—. Quiero compartir mi vida contigo, ser tu compañero en todas las cosas. Pero entiendo si necesitas tiempo para pensarlo. Solo quiero que sepas que no importa lo que decidas, siempre valoraré nuestra amistad y nuestra conexión. ¡Eres tú y siempre has sido tú!

Su confesión me dejó sin palabras. Nos veríamos de nuevo el siguiente martes y tendría que darle mi respuesta. El restaurante parecía cobrar vida de nuevo, pero para mí, en ese instante solo flotaba en al aire la vulnerabilidad desbordada de un hombre con el que tenía una intensa conexión y que me dibujaba la posibilidad de un futuro juntos.

Aquel martes tardó en llegar un siglo y esa mañana desperté con el corazón latiendo de nerviosismo, soñando con "ese beso" y extrañando la presencia de Mario en mi vida. No había sabido nada de él desde que nos despedimos aquel jueves por la noche, ya que había jugado bien sus cartas, como si fuese un buen director de una película de suspenso. Después de dejar clara su postura y permitirme un tiempo para pensar mi respuesta, había desaparecido sembrando en mi la expectativa y el suspenso, como un personaje creado por Hitchcock.

El día de nuestra cita Mario pasó por mí y me llevó a comer a un lugar muy peculiar... El restaurante Loretta. Sí, como mi nombre, señal de que había cuidado hasta el más mínimo detalle para crear un momento especial e inolvidable.

Ya tenía clara mi respuesta, pero antes de expresarle mi decisión le hice una última pregunta: ¿Por qué entre todas las mujeres del mundo me eliges a mí? Sus ojos brillaron como si hubiese anticipado la pregunta y solo estuviera esperando que la hiciera. Su respuesta a mi pregunta no fue improvisada, parecía como si la hubiera tenido preparada por años y había llegado el momento de responder. Había escarbado hasta lo más profundo de mi ser y con ternura me expresó cómo había podido observar mi belleza del alma, esa que se incrementa con los años, lo cual me pareció sublime, porque finalmente había encontrado a un hombre que me vería cada vez más hermosa con el paso del tiempo. Mario me habló de valores, de planes a futuro y cómo veía en mí no solo a una pareja sino a una socia de vida.

Después de sus palabras tiernas, sabias y honestas, finalmente le dije lo que mi corazón me dictaba: "Sí, sí quiero". La respuesta se sintió tan bien, desde lo más profundo de mi ser, porque esta vez sí me tomé el tiempo de conocerlo para verificar que su lado luminoso y su lado oscuro me gustaban y eran lo que yo quería de una pareja y de la vida. Dos años después, nos casamos.

El 27 de octubre del 2021 tomé un vestido blanco de mi armario, le hablé a una amiga florista para que me hiciera un ramo y me paré frente al hombre que amo en el juzgado a decirle que sí lo aceptaba. Que sí aceptaba que fuera mi compañero. Que sí aceptaba que su ser imperfecto, pero entero, se uniera a mi ser imperfecto, pero entero, porque ambos sabíamos que necesitábamos un complemento. Que sí lo aceptaba como igual y que sí, aceptaba la idea de que fuéramos felices juntos.

Mario y yo éramos como dos piezas de un rompecabezas que encajaban perfectamente. Desde el principio, nuestra conexión fue una adición a nuestras vidas, un vínculo que nos hizo más fuertes, más felices y más plenos de lo que éramos por separado. Estar juntos era como estar eternamente acompañados en libertad. A medida que nuestra relación evolucionaba, encontramos en el otro un compañero de vida, alguien con quien compartir nuestras alegrías, sueños y desafíos. Nos apoyamos mutuamente en los momentos difíciles y celebramos juntos cada logro y éxito. Nuestra complicidad y entendimiento mutuo nos llevaron a corroborar que el buen amor sí existe, que una relación sana sí es posible.

Desde aquel primer beso y durante todo este camino juntos, nuestro compromiso nos ha permitido seguir creciendo. En Mario encontré un compañero, y alguien que me inspira a ser la mejor versión de mí y a alcanzar mis metas.

Fui capaz de salir de una RdR y construir una relación sana. Quizá te preguntes cómo lo logré y mi respuesta es que, primero, es necesario comprender cuáles son los componentes de una relación y que resignifiques el concepto que tienes del amor.

COMPONENTES DE UNA RELACIÓN SANA

Antes de profundizar en los pilares de una relación sana, reflexiona sobre estas preguntas:

- ¿Cómo definirías el amor en este momento de tu vida?
- ¿Cuáles son las creencias sobre el amor que has aprendido desde tu infancia?

- ¿Sientes que estás en una relación equilibrada o tiendes a perder tu identidad dentro de ella?
- ¿Cuál es tu mayor miedo al amar?

Escribe tus respuestas en un diario para observar patrones y creencias que puedas resignificar.

En todos estos años en los que he transitado por un profundo camino de autoconocimiento y estudio acerca de la mecánica de una relación de pareja, he descubierto que las relaciones sanas se construyen básicamente sobre cuatro pilares:

1. La comunicación.
2. El respeto.
3. La confianza.
4. La identidad.

Y así como existe la luz a través de estos pilares, también existe la oscuridad a través de cuatro comportamientos que destruyen y erosionan a dichos pilares, fungiendo como verdaderos "asesinos" de las relaciones. Estos son:

1. La indiferencia
2. La negligencia.
3. La hostilidad.
4. El desprecio.

Antes de entrar de lleno a explicar los pilares que sostienen la relación, primero necesito que respondamos juntas una pregunta que puede parecer sencilla: ¿Qué es el amor?

Para mí, es un valor que rige mi vida. Es un sentimiento de profunda conexión ya sea contigo o con alguien más, que se va diluyendo si no se alimenta. El amor comienza con uno mismo. El único amor que es verdaderamente incondicional e infinito es el que te tienes a ti. Si tú no aprendes a amarte sanamente, no puedes amar sanamente a nadie, ni siquiera a Dios. El amor es el mayor y mejor regalo que puedes darte en la vida. Basta de historias de película, el amor romántico no es el amor real. El amor sano es una decisión, no es un accidente. El amor es un compromiso en libertad.

Desde lo más profundo de mi experiencia, he llegado a entender que el amor no es la pieza faltante que nos completa, sino el lazo que une a dos seres completos que eligen compartir sus vidas.

Durante mucho tiempo, me equivoqué al pensar que encontraría la felicidad y la plenitud en otra persona, pero la verdad es que el amor verdadero es un viaje de autodescubrimiento y crecimiento personal. Atravesé relaciones tumultuosas y muy dolorosas, pero cada una de ellas me enseñó lecciones valiosas sobre mí y sobre lo que realmente necesitaba (o buscaba) en una pareja.

Ahora sé con mucha seguridad que el amor no llega envuelto en un paquete perfecto, con un moño enorme, sino que es un proceso de construcción, una elección consciente que requiere trabajo constante y compromiso mutuo. He aprendido que las Relaciones de Riesgo (RdR) pueden seducirnos con una ilusión de perfección, pero detrás de esa fachada se esconden ciclos de control, manipulación y abuso. La relación perfecta no existe, entender esto y hacer las paces con la idea de que los finales de Disney son un mito, me ha permitido discernir entre el amor genuino y las ilusiones efímeras.

Mario llegó a mi vida en un momento en que ya no buscaba quién me completara, sino a alguien que compartiera mi plenitud.

Él no necesitaba salvarme ni yo a él, somos dos individuos completos que decidieron unir sus caminos. Y así, cada día elegimos amarnos juntos, sabiendo que el amor es como un río que mantiene un flujo constante de crecimiento y evolución.

Si te genera angustia saber si tu relación será para siempre o no, sigues amando desde tus vacíos, tus heridas, tus carencias y tus limitantes, una idea errada de lo que es amar. Mario y yo HOY nos amamos, pero no sé si lo haremos mañana, porque la única constante de la vida es que todo cambia. Si tenemos que terminar nuestra relación, sé que podremos decirnos adiós con amor y terminar lo nuestro estando en verde, en lugar de ver los tonos degradarse hasta llegar al rojo, con odio y resentimiento. O peor aún, terminar recurriendo a la violencia.

Cuando uno entiende y acepta que el amor puede cambiar y aceptas esta idea sin que te genere angustia, estás sanando. Estás del otro lado. Si hay algo que me encanta ver ahora es que el amor sano no conoce la certeza del mañana, pero tampoco teme a la incertidumbre. Es una elección consciente de estar plenamente en el presente, aceptar los cambios y seguir adelante juntos, ya sea en la decisión de la permanencia o en la decisión de la despedida. Y es que el amor es libertad. Y eso, es lo que verdaderamente le viene bien al alma y lo que permitirá que en tu relación haya espacio para el respeto, la confianza, la comunicación y la identidad, los pilares que construyen la relación.

El amor verdadero no es una respuesta a nuestras carencias, sino un compromiso que se construye entre dos seres completos. Con Mario, viví esa experiencia. Aprendí que el amor sano no es algo que te sucede de manera accidental, sino una elección consciente y constante, donde los pilares de la relación se nutren de valores como la comunicación, el respeto y la confianza.

Esos pilares, que Mario y yo hemos trabajado desde el comienzo de nuestra relación, son los mismos que sostienen cualquier vínculo sano. A lo largo de los años, me di cuenta de que una relación no es solo la unión de dos personas, sino la construcción continua de una estructura sólida que permite crecer y evolucionar, tanto individualmente como en pareja.

Por ello, es fundamental entender qué implica tener una relación sana, conocer sus componentes y cómo estos se reflejan en nuestra vida diaria. Por eso profundizaremos, para que puedas reflexionar sobre tu propia experiencia y cómo aplicar estos principios en tu vida.

¿ESTOY EN UNA RELACIÓN SANA?

Responde "Sí" o "No" a las siguientes preguntas:

1. ¿Te sientes libre de expresar tus pensamientos y emociones sin miedo al juicio o a la reacción de tu pareja?
2. ¿Sientes que hay reciprocidad en los esfuerzos y cuidados dentro de la relación?
3. ¿Confías en tu pareja y percibes que confía en ti?
4. ¿Ambos tienen proyectos individuales y los respetan sin sentir amenazas?
5. ¿Tu pareja te alienta a crecer y desarrollarte como persona?
6. ¿Ambos pueden resolver conflictos con respeto y sin recurrir a la violencia verbal o emocional?
7. ¿Tienes claridad sobre tus propios límites y los comunicas sin culpa?

8. ¿Sientes seguridad emocional en la relación y no vives con ansiedad sobre el futuro de la pareja?
9. ¿Tu pareja te escucha activamente cuando necesitas apoyo emocional?
10. ¿Puedes ser tú misma sin miedo a la crítica o a la desvalorización?

- **8–10 respuestas "Sí":** Estás en una relación sana y equilibrada.
- **5–7 respuestas "Sí":** Hay aspectos que podrían mejorarse; revisa los pilares de la relación.
- **Menos de 5 respuestas "Sí":** Es importante analizar si estás en una Relación de Riesgo (RdR) y trabajar en fortalecer tu autoestima y establecer límites saludables.

IDENTIFICAR LOS PILARES DE TU RELACIÓN

Dibuja un cuadrado y divide en cuatro partes, escribiendo en cada una los pilares de una relación sana: Comunicación, respeto, confianza e identidad.

- Reflexiona en cuál de estos pilares está más fuerte tu relación y cuál necesita fortalecerse.
- Escribe ejemplos específicos de cómo cada pilar se manifiesta (o no) en tu relación.
- Diseña pequeñas acciones que puedas implementar para reforzar el pilar que más lo necesite.

Piensa en las siguientes creencias sobre el amor y reflexiona si alguna de ellas ha impactado negativamente en tus relaciones:

- "El amor lo puede todo".
- "Si me cela es porque me ama".
- "El amor duele".
- "Si hay amor, no se necesita nada más".
- "Si mi pareja cambia, entonces seremos felices".
- "Si me esfuerzo lo suficiente, me amará como quiero".

Escribe qué creencias has sostenido y cómo podrías reemplazarlas por pensamientos más sanos y realistas.

Un amor sano no se basa en la dependencia, sino en la interdependencia. Reflexiona sobre estas preguntas:

- ¿Cómo contribuyes a la confianza en tu relación?
- ¿Cuándo sientes que pierdes tu autonomía?
- ¿Tienes proyectos independientes de la relación?

Escribe una acción que puedas hacer esta semana para fortalecer tu autonomía sin que esto afecte negativamente la relación.

Ahora haz una lista de tus relaciones anteriores (o de patrones repetitivos en tus relaciones) y responde:

- ¿Qué aspectos negativos se repetían?
- ¿Qué aprendiste de cada relación?
- ¿Qué errores no quieres volver a cometer?

- ¿Cuáles son tus nuevas reglas de amor propio y relaciones sanas?

Este ejercicio te ayudará a observar patrones inconscientes y tomar decisiones más conscientes en futuras relaciones.

Me gustaría que hiciéramos un ejercicio de visualización. Cierra los ojos e imagina la relación que realmente deseas:

- ¿Cómo te sientes en ella?
- ¿Qué valores la sostienen?
- ¿Qué tipo de comunicación tienen?
- ¿Qué actividades comparten?

Escribe una descripción detallada de tu relación ideal y compárala con tu relación actual.

Si hay diferencias significativas, ¿qué cambios necesitas hacer en ti para atraer y construir una relación más sana?

"El amor es libertad".

El amor sano no se aferra, no encarcela ni somete. Es libertad, crecimiento y elección diaria.

- Si supieras que mereces lo mejor en el amor, ¿seguirías en la relación en la que estás?
- Si tu mejor amiga estuviera en una relación como la tuya, ¿qué consejo le darías?
- ¿Hoy eliges amarte antes de amar a alguien más?

Escribe una declaración de amor propio, comprometiéndote a no conformarte con menos de lo que mereces. Te comparto la mía:

La llave de mi libertad

Hoy, me miro al espejo y veo a la mujer que he construido con esfuerzo, amor y resiliencia. No soy la mujer que fui en el pasado, la que se perdía en los demás, la que buscaba validación externa o se quedaba donde no era valorada. Hoy soy mi propia prioridad.

Me elijo a mí, por encima de cualquier miedo, de cualquier herida, de cualquier historia que intente decirme que no soy suficiente. Me reconozco como la única dueña de mi destino, la única responsable de mi felicidad. No espero que nadie me complete, porque ya soy un ser íntegro, libre y autónomo.

La llave de mi libertad siempre ha estado en mis manos. Con ella he aprendido a cerrar puertas a lo que me lastima y abrir puertas a lo que me fortalece. Resignifiqué mi historia, sané mis heridas e integré mi ser. Y al hacerlo, desplegué mi verdadero potencial para amarme sana e incondicionalmente, porque comprendí que yo soy el amor de mi vida.

Hoy declaro que:

- *No me conformaré con menos de lo que merezco.*
- *No sacrificaré mi identidad por ser amada.*
- *No me quedaré donde no haya respeto, confianza y comunicación.*

- *No mendigaré amor, porque el amor verdadero no se ruega, se elige y se construye.*
- *Siempre recordaré que mi amor propio es el cimiento de todo* lo que quiero en mi vida.

Hoy me prometo que nunca volveré a traicionarme, dejar de escucharme, a volver a abandonarme. Porque el día que decidí ser libre fue el día en que entendí que la única persona que puede salvarme soy yo.

Y desde este amor inquebrantable, elijo compartir mi vida con quien sume, respete mi esencia, camine a mi lado sin querer apagar mi luz. Hoy y siempre, me elijo.

Loretta Valle

El amor sano se construye con elección, trabajo, compromiso y respeto. Es una decisión diaria de cuidarse sin perderse en el otro. Una relación sana te permite mantener tu identidad. Elige siempre un amor que te potencie, no que te consuma.

9.

El semáforo de las relaciones

"Todo gira alrededor del amor,
porque este no es solo un sentimiento;
es, por encima de todo,
la acción expresiva que procura
el bien del otro".

Alex Rovira

PINTEMOS LAS RELACIONES DE COLORES

Digamos que las relaciones sanas, a las que aspiramos, se ven verdes. Las relaciones de alerta, en las que hay varios signos de que todo podría comenzar a irse por la borda, empiezan a dejar de ser verdes y a pintarse de amarillo. Y, sin duda, lo más devastador y de donde debemos huir, es de las Relaciones de Riesgo (RdR) en donde el color que impera es el rojo brillante y vibrante.

Entonces, el esquema de colores está constituido por tres colores, el verde, el amarillo y el rojo. Por esta razón, he decidido nombrar a este método, con el que ayudo a muchas personas todos los días a identificar la situación en la que se encuentran dentro de su relación, como...

El Semáforo del Riesgo

VERDE ● **Relación sana:** en la zona verde (puedes seguir avanzando).

AMARILLO ● **Relación de alerta:** en la zona amarilla (¡cuidado!, la luz está a punto de cambiar a rojo).

ROJO ● **Relación de Riesgo (RdR):** en la zona roja (¡detente de inmediato que puedes chocar!).

Relaciones en la zona verde — La zona de la salud relacional

Las relaciones no tienen por qué doler, ni ser montañas rusas emocionales que alimenten tu angustia o, peor aún, que normalices o te vuelvas adicta a toda esta adrenalina que no te hace bien. Una relación verde está basada en los cuatro pilares fundamentales de los que hablamos: la confianza, el respeto, la comunicación y la identidad.

Todos queremos relaciones verdes, pero la verdad es que ni sabemos qué son. Son aquellas en las que las dos personas se unen de manera consciente y equilibrada, respetándose mutuamente y promoviendo el crecimiento personal de ambos. Una relación sana o verde tiene las siguientes características distintivas con base en los cuatro pilares.

1. **Comunicación.** En una relación verde la comunicación es abierta y honesta, existe un espacio seguro para expresar pensamientos, sentimientos y necesidades sin miedo a ser juzgado o ridiculizado. Ambas partes se es-

cuchan activamente y se esfuerzan por comprenderse mutuamente.

2. **Respeto.** El respeto es mutuo, se trata de valorar y honrar las diferencias individuales, los límites personales y las opiniones de la otra persona. En una relación verde, no hay lugar para la manipulación, la coerción o el abuso de ningún tipo.
3. **Confianza.** Ambas partes confían el uno en el otro y se sienten seguros en la relación. La lealtad y el compromiso son fundamentales, y cada uno se esfuerza por mantener la confianza del otro a través de acciones coherentes y transparentes.

   La confianza es como una copa de cristal muy delicada que ambos tienen en sus manos y que ambos se comprometen a cuidar.

   En una relación verde o sana, la confianza es un pilar fundamental. La información confidencial compartida entre parejas en momentos de vulnerabilidad nunca debe ser utilizada en contra de la pareja. Cuando uno de los integrantes en la relación utiliza secretos o confesiones como arma para manipular o controlar, se comete una grave violación de la confianza. Este acto no solo es profundamente dañino, también revela un comportamiento característico de una relación amarilla (de alerta) o incluso roja (Relación de Riesgo–RdR).
4. **Identidad.** A pesar de estar en una relación, cada persona mantiene su identidad y autonomía. Se respeta el espacio personal y los intereses individuales, y se fomenta el crecimiento personal fuera de la relación.

Al ser pareja de Mario yo no puedo dejar de ser Loretta, porque en el momento en que lo hago comienzo a desdibujarme y empiezo a caminar en línea recta hacia una Relación de Riesgo (RdR). Yo tengo el deber de seguir con mi camino y con mi vida, incluso estando con alguien, haciendo un pacto en donde ni yo me pierdo por el otro, ni el otro se pierde por mí. La Loretta que está en pareja conserva su trabajo, el vínculo con su familia, sus amistades, sus proyectos personales y sueños, y estos últimos no son negociables. Me puedes decir que no te cae bien mi amiga Margarita, y es válido, pero por tu opinión no voy a dejar de verla o alejarme de ella.

Por ejemplo, a mí me encanta la naturaleza: ver nevar, abrazar árboles, escuchar el sonido de la lluvia, nadar en el agua de color turquesa del mar. A Mario nada de esto le mueve el tapete, pero no por eso voy a desdibujarme para adaptarme a él, y a lo que a él le gusta. Asimismo, a mí no me gusta el futbol tanto como a él y no por eso, Mario deja de disfrutar y apasionarse con algún partido. Hay actividades en las que podemos hacer el esfuerzo de compartir por ser empáticos el uno con el otro, pero también es válido de vez en cuando decir: "Ve tu solito esta vez".

¿CÓMO SABER SI MI RELACIÓN ES VERDE?

1. Crecimiento personal mutuo: inspirar y motivar el desarrollo personal y profesional del otro.

2. Seguridad (NO violencia): un entorno libre de miedo, amenazas o daño físico.
3. Igualdad y justicia: equilibrio en la toma de decisiones y distribución de roles.
4. Solidaridad: estar unidos y apoyarse en metas y desafíos comunes.
5. Lealtad: compromiso y fidelidad a la relación.
6. Tolerancia y flexibilidad: aceptar y adaptarse a las diferencias y cambios.
7. Libertad: espacio para ser uno mismo sin restricciones.
8. Compromiso y complicidad: unión y entendimiento profundo en la relación.
9. Apreciación y gratitud: reconocimiento y valoración de los esfuerzos y cualidades del otro.
10. Espacios individuales y compartidos: equilibrio entre el tiempo juntos y el tiempo separado.
11. Asertividad y límites: capacidad de expresar necesidades y deseos respetando los del otro.
12. Independencia: fomento de la autosuficiencia y autonomía.
13. Amistad: base de confianza y camaradería en la relación.
14. Intimidad y conexión: profundidad emocional y cercanía.
15. Sensualidad y pasión: vitalidad y atracción en la relación.
16. Interés y paciencia: dedicación y comprensión a lo largo del tiempo.
17. Compasión: sensibilidad y cuidado ante el sufrimiento del otro.

18. Admiración: respeto y aprecio por las habilidades, cualidades y logros del otro, fomentando un ambiente de apoyo y orgullo mutuo.
19. Reciprocidad: un intercambio equitativo y balanceado de afecto, apoyo y cuidado, asegurando que ambas partes se sientan igualmente valoradas y satisfechas en la relación.
20. Ternura: expresiones suaves y cariñosas que fortalecen el vínculo emocional y la cercanía en la relación.
21. Resolución de problemas: habilidad para abordar y resolver conflictos de manera efectiva y constructiva, fortaleciendo la relación.
22. Gestión de emociones: capacidad para reconocer, expresar y manejar las emociones propias y del otro de manera saludable.
23. Comprensión: esfuerzo por entender verdaderamente al otro, sus pensamientos, sentimientos y perspectivas.
24. Autoestima robusta: mantener una autoimagen positiva y una autovaloración saludable, esencial para la dinámica del respeto mutuo en la relación.
25. Vida sexual activa y placentera: compartir una experiencia sexual satisfactoria y consensuada, que refuerce la intimidad y la conexión.
26. Flexibilidad cognitiva: capacidad de adaptarse a nuevas situaciones y cambiar de opinión cuando la información o las circunstancias lo ameritan.
27. Equilibrio entre dar y recibir: mantener un equilibrio saludable en el intercambio de energía, esfuerzo y recursos en la relación.

28. Espíritu de equipo o socios de vida: trabajar juntos hacia metas comunes, apoyándose mutuamente en los logros y desafíos.
29. Capacidad de crecimiento conjunto: fomentar un entorno en el que ambos puedan crecer y evolucionar juntos como pareja y como individuos.
30. Disfrute compartido: tener intereses comunes y disfrutar de actividades juntos, lo que fortalece la conexión y el disfrute mutuo.

LOS VERDES DE MI RELACIÓN CON MARIO

La historia de "Pogo"

Mario y yo, como cualquier pareja que ha transitado por diversas etapas de la relación, enfrentamos juntos el desafío de decidir si la idea de adoptar un perro era la mejor opción para nosotros como familia. Para Mario, la idea de tener un compañero peludo en casa era emocionante y enriquecedora, mientras que yo tenía mis reservas y preocupaciones. "Es que, si acepto, me estoy empezando a desdibujar", pensaba. Hasta que decidí traer el tema a terapia, para que alguien lo mirara desde fuera y con una perspectiva fresca.

Desde que sentí que "el perro" podía llevarnos a la zona amarilla y que ya no jugaríamos en el mismo equipo, decidí tomar cartas activamente en el asunto. Y esto es lo que hace toda la diferencia y lo que nos mantendrá en la zona segura a pesar de que, inevitablemente, situaciones de la vida nos pongan en riesgo dentro del semáforo.

A pesar de mis reticencias iniciales como el hecho de tener que sacrificar mi espacio de meditación en las mañanas por bajar al perro a pasear, pude reflexionar más allá de las primeras improntas de la situación, ¿estaba siendo egoísta?, así llegué a la conclusión de que ceder en este aspecto, no significaba perder mi identidad, sino más bien, demostrar amor y compromiso hacia mi pareja.

Aunque en primer momento me mostré renuente a la idea de cuidar de un perrito, finalmente decidí darle la oportunidad y fue así como Pogo llegó a nuestras vidas para ampliar nuestro amor. Más allá de mis primeras preocupaciones por las nuevas responsabilidades y los cambios de mi rutina, opté por seguir haciendo equipo con Mario. Nada se restó en mi vida, sino que más bien gané: aprendí a disfrutar de los paseos matutinos y en ellos he encontrado un espacio para conectar y disfrutar de otras cosas estando fuera de casa.

Mario ha sido muy responsable con su crianza y se encarga activamente de muchas cosas relacionadas con los cuidados de Pogo y en lugar de pasar a la zona amarilla y esperar a que, irremediablemente, cayéramos en zona roja, decidimos hacer equipo para regresar al espacio verde.

Dos años después, volvimos a enfrentar una decisión similar. Mario y yo platicamos sobre la posibilidad de sumar otro miembro peludo a nuestra familia. Al principio, como con Pogo, me entraron dudas: ¿Será mucha responsabilidad? ¿Cómo cambiará nuestra rutina? Pero recordé que, en una relación verde, las decisiones no se imponen, se negocian. Así que lo hablamos, analizamos los pros y contras, y tomamos juntos la decisión de darle la bienvenida a Petunia.

Hoy, Pogo tiene dos años y Petunia acaba de cumplir cinco meses. Verlos juntos, jugar, compartir su amor con nosotros, ha sido una de las experiencias más lindas de nuestra relación. Nos ha reafirmado que la comunicación, la negociación y el respeto mutuo son las claves para construir un equipo fuerte.

Sin siquiera llegar a imaginarlo alguna vez, la experiencia con Pogo y ahora con Petunia nos enseñó la importancia de la comunicación abierta, la empatía y el trabajo en equipo, elementos clave en una relación sana y duradera.

RELACIONES EN LA ZONA AMARILLA — ENTRADO A LA ZONA DE PRECAUCIÓN

Una relación amarilla es aquella que ha entrado en una zona de alerta, es esa la luz amarilla en un semáforo que nos advierte que debemos proceder con precaución. Aunque no llegan a ser Relaciones de Riesgo (RdR), muestran señales de deterioro en los pilares fundamentales de una conexión saludable. Estar en la zona amarilla puede ser un punto de inflexión crítico en las relaciones.

Esta es una zona en la que literalmente estás en la cuerda floja. Todavía la relación tiene sus ratos en la zona verde, pero van camino a desbarrancarse, mientras tú tal vez guardes todavía la esperanza de que ocurra un milagro y la situación regrese a lo que antes te hacía sentir segura y feliz. Pero, también, hay una voz interior que te advierte que eso no va a ocurrir. Aquí tendrías que hacer un alto en el camino y analizar qué hay detrás de cada situación que te hace sentir infeliz y tomar acción antes de que las cosas escalen.

Los pilares, que antes eran firmes, ahora muestran signos importantes de debilidad. Estas son las formas en que los pilares fundamentales de la relación se degradan según el parámetro de El Semáforo del Riesgo.

1. **De la comunicación a la desconexión:** aunque todavía puede haber comunicación en una relación amarilla, esta tiende a ser menos abierta y honesta. Las conversaciones pueden volverse superficiales o evitativas, evadiendo la discusión de temas importantes o conflictivos. Se pueden percibir barreras claras en la comunicación, como la falta de escucha activa o la incapacidad para expresar verdaderamente las necesidades y emociones. Lo que una vez fue una comunicación fluida ahora enfrenta obstáculos, la pareja se ha desconectado dejando espacios para malentendidos y distancia emocional.
2. **Del respeto a la desconsideración:** en una relación amarilla, pueden surgir comportamientos o comentarios que socavan el respeto mutuo y terminan llevando a una de las partes o a ambos, a ser desconsiderados el uno con el otro. Y es que cuando el respeto se ha erosionado, llegan las actitudes de menosprecio o indiferencia hacia las necesidades o sentimientos de la pareja. Además, pueden aparecer críticas constantes, burlas o desprecios, aunque sean sutiles. Se pueden ignorar los límites personales o las preferencias del otro, lo que lleva a una sensación de falta de respeto y poca valoración.
3. **De la confianza a la sospecha:** en una relación amarilla, pueden surgir pequeñas dudas o inseguridades sobre la confiabilidad del otro. Pueden aparecer mentiras u omitir información, lo que mina gradualmente la confianza mutua. Se pueden presentar situaciones en las que uno de los integrantes siente que no puede confiar plenamente en el otro, lo que genera tensiones y ansiedad y lleva, inequívocamente a la sospecha.

4. **De la identidad al desdibujamiento:** cuando las relaciones entran en la zona amarilla, uno o ambos pueden comenzar a perder de vista su identidad individual en aras de la relación. Pueden surgir situaciones en las que se sacrifica demasiado por el bienestar del otro o se dejan de lado los intereses y metas personales. Esto puede conducir a una sensación de pérdida de autonomía y autenticidad y comienza un proceso muy peligroso que es el desdibujamiento.

¿CÓMO SABER SI MI RELACIÓN ESTÁ EN ZONA AMARILLA?

La zona amarilla es una advertencia para actuar, para comunicar límites claros y buscar corregir el curso antes de que la relación se deteriore aún más. Estas son otras características que te podrían ayudar a identificar si has caído dentro de una zona de alerta:

1. Crueldad y falta de empatía: actitudes que demuestran insensibilidad ante los sentimientos o necesidades del otro.
2. Triangulación y alienación: uso de terceros para crear tensión o manipular situaciones.
3. Coerción y bullying: presión para actuar de cierta manera, incluyendo el uso de la intimidación.
4. Ataques de ira y etiquetar: estallidos injustificados y asignar etiquetas negativas o humillantes.
5. *Ghosting*: desaparecer o no comunicarse sin explicación.

6. Gritar, maldecir y criticar: comunicación abusiva que busca herir o desvalorizar al otro.
7. Culpar y usara los hijos como arma: responsabilizar al otro por problemas en la relación o usar a los hijos para manipular emocionalmente.
8. Exigencias de contraseñas y accesos a redes sociales: violación de la privacidad y control sobre la vida digital.
9. Infidelidad: ser infiel cuando el acuerdo es de monogamia. La infidelidad puede ser física, emocional, virtual, por objeto, económica, patrimonial o por pornografía. El acuerdo debe ser específico entre cada pareja.
10. Alienación parental: involucrar a los hijos en conflictos de pareja.

Estos comportamientos son indicativos de que la relación ha entrado en una zona de alerta y hay riesgo. Requiere de atención inmediata. Es de suma relevancia abordar estos problemas lo antes posible y buscar ayuda profesional para evaluar la situación y tomar las medidas adecuadas para salvaguardar el bienestar emocional y físico de los involucrados.

LOS AMARILLOS DE MI RELACIÓN CON CÉSAR

Rotavirus y abandono

Es casi imposible transitar por la crianza de los hijos sin tener que enfrentarte a las enfermedades propias de la infancia que pasan entre gripas, raspones, enfermedades estomacales y, claro, las infecciones virales que suelen ser muy escandalosas en los síntomas, pero que pasan con cierta rapidez y contra las que hay vacunas, pero estas no impiden que en algunos casos la enfermedad se presente y no hay medicamentos mágicos. En una ocasión a mis hijos les dio rotavirus, una infección viral que se caracteriza por fiebres altas y diarrea líquida muy abundante, y vómito frecuente que causa deshidratación si no se atiende adecuadamente.

Ahí estaba yo corriendo para cambiar al niño que se había vomitado y no bien había terminado, cuando la niña ya estaba literalmente batida y había que limpiarla y cambiarla también. Ya tenía un par de días en que no paraba entre bajarles la temperatura, hidratarlos y cambiarlos de día y de noche. ¿Y César? ¡Ah, se había ido de parranda la noche anterior y llegó a las ocho de la mañana del día siguiente, borrachísimo! Sin preguntarme nada, se dejó caer en un sillón de la sala a curarse la cruda. Podía escuchar a los niños llorar, me veía correr de un lado a otro en mi afán por atenderlos lo más rápido posible y él, como si nada. Ni por asomo se le ocurrió decir: "Oye, te ayudo en algo". Su reacción fue de total indiferencia, de absoluta desconsideración. Era como si yo no existiera.

Y esta es una muestra de que la desconexión había anulado la comunicación. Ya no le importaba qué era lo que estaba pensando o sintiendo. Por otra parte, el respeto había sido sustituido por la desconsideración. La noche anterior, cuando los niños estaban enfermos, César optó por seguir con sus planes de irse de fiesta y dejarme sola para hacerle frente a lo estresante que es cualquier enfermedad de los hijos. Finalmente, para eso estaba yo, ¿no es cierto? Claro que en ese momento yo sospechaba que él tenía a otra o a otras mujeres. Aquella confianza absoluta que yo tuve por él en el pasado, ahora estaba siendo asaltada por la inseguridad. Y en cuanto a mi identidad, ya poco quedaba de ella.

¿Quién era Loretta y dónde estaba en ese momento? Lo único que yo sabía de mí, era que tenía que ser la mejor mamá que mis fuerzas pudieran darme. El resto de mi ser se había perdido en ese terreno pantanoso en el que se había convertido mi vida, pero todavía no tocaba fondo.

RELACIONES EN LA ZONA ROJA — LA ZONA DE PELIGRO

La temida zona roja es el estado más crítico y peligroso de una relación, ya que es el lugar en donde los pilares se han colapsado por completo y ya no queda nada por rescatar.

También conocidas popularmente y hasta el cansancio como "relaciones tóxicas", las Relaciones de Riesgo (RdR) se caracterizan por una serie de comportamientos y dinámicas que, inequívocamente, terminarán por socavar los pilares de una relación saludable. Estas relaciones suelen comenzar aparentemente verdes, pero con el tiempo y bajo ciertas circunstancias, los pilares se degradan dando paso a una dinámica destructiva y dañina. Y es que, claro, ¿qué estructura puede mantenerse firme si lo que la sostiene se ha desmoronado?

Entrar a la zona roja es una señal de alarma para buscar ayuda inmediata y escapar del ciclo de abuso para proteger la integridad y el bienestar de uno mismo. El nivel de riesgo ha escalado a tal grado que se presentan con frecuencia comportamientos que implican violencia directa y daño físico. Los ataques de ira (explosiones violentas y de temperamento que resultan en intimidación), son cosa de casi todos los días y pueden llegar a la violencia física en distintos grados. Ya que existe la violencia física "leve", como las caricias agresivas, los pellizcos, arañazos o mordeduras en un contexto no consensuado. Y también existe la violencia física "evidente", como los golpes, empujones, cachetadas, patadas y otras acciones que pueden causar al RV daño físico inmediato.

Y así se ve este tipo de relación en El Semáforo del Riesgo.

1. **De la comunicación a la desconexión y la agresión:** en las Relaciones de Riesgo (RdR) se produce una ruptura en la comunicación efectiva y respetuosa. Las parejas pueden caer en patrones de comunicación destructivos, como la crítica constante, los insultos, la manipulación emocional y la falta de escucha activa. La incapacidad para expresar las emociones de manera saludable y resolver los conflictos de manera constructiva contribuye a un ambiente tenso y cargado de negatividad. Hay interacciones dañinas, ya sea verbales, emocionales y/o físicas.
2. **Del respeto a la desconsideración y al abuso:** el respeto se ha transformado en un patrón de comportamiento abusivo. En las Relaciones de Riesgo (RdR), el respeto desaparece o disminuye significativamente. Se producen actos de violencia verbal, emocional o física, donde uno de los miembros de la pareja [quien ejerce el Rol Agresor (RA)] menosprecia, humilla o controla al otro [quien tiene el Rol Vulnerable (RV)]. La falta de límites y el trato irrespetuoso socavan la autoestima y la dignidad de la persona, generando un ciclo de abuso difícil de romper.
3. **De la confianza a la sospecha y al control:** la desconfianza ha evolucionado hacia un control riguroso, con un RA (Rol Agresor) dominando aspectos significativos de la vida del

RV (Rol Vulnerable). En las Relaciones de Riesgo (RdR) la confianza suele erosionarse gradual o súbitamente, debido a la presencia de mentiras, engaños y secretos por parte de uno o ambos miembros de la pareja. Las promesas incumplidas y la falta de transparencia generan un clima de desconfianza y sospecha constante, lo que mina la estabilidad emocional y la seguridad en la relación.

4. **De la identidad al desdibujamiento y el aislamiento:** la identidad personal no solo está desdibujada, sino activamente suprimida, llevando a la alienación de amigos, familia, incluso, del sentido del "yo". En las Relaciones de Riesgo (RdR) se produce una pérdida de la individualidad y la autonomía de cada miembro de la pareja. Uno puede sentirse absorbido por el otro, perdiendo sus intereses, sueños y valores propios en el proceso. La dependencia emocional y la sensación de estar atrapado en la relación impiden el desarrollo personal y la realización individual.

Comportamientos típicos de relaciones que han entrado en la zona roja:

1. Privación de la libertad: encerrar o aislar a la pareja en contra de su voluntad.
2. "Sextorsión": coacción utilizando material sexual o íntimo como amenaza.
3. Amenazas con armas u otros objetos: incremento de peligro con el uso de elementos que pueden causar daño severo.

4. Violencia sexual: forzar a la pareja a actos sexuales sin su consentimiento, abuso sexual, violación.
5. Daño físico extremo: mutilar o infligir lesiones graves.
6. Amenazar de muerte u homicidio: el RA (Rol Agresor) amenaza con quitarle la vida a la pareja, a seres queridos, mascotas o a él mismo.
7. Homicidio o feminicidio: la culminación trágica de la escalada de la violencia es el acto de quitar la vida a la pareja, un acto que representa el fallo más absoluto y devastador de una Relación de Riesgo (RdR).

La presencia de cualquier comportamiento que entre dentro de la zona roja requiere de una intervención inmediata y la búsqueda de un ambiente seguro. Esta parte de la escala no solo es un llamado de atención sobre la gravedad de la violencia en las Relaciones de Riesgo (RdR), sino también un recordatorio crítico de que la ayuda y el apoyo son urgentes para prevenir consecuencias irreversibles.

MI RELACIÓN ROJA CON CÉSAR

Cuando la realidad no admite más excusas

Cuando repaso esta historia no dejo de sentir pena por la Loretta que era cuando ocurrió y también una inmensa dicha porque gracias a ella la rescaté y hoy estoy donde siempre debí estar.

Recuerdo que tuve que operarme de los juanetes. Es una cirugía muy dolorosa, hasta el roce de las sábanas me resultaba insoportable. No podía moverme, porque no debía apoyar los pies por ningún motivo. Ya verse impedido así es muy difícil, ahora imagínate tú cuando en esta convalecencia en lugar de ayudarnos nos cargan la mano.

Era sábado y César tenía que asistir a una comida de su empresa que se llevaría a cabo en Cuernavaca. Cualquier esposo consciente se hubiera disculpado por tener a su mujer recién operada y que no podía pararse de la cama ni para ir al baño. ¿Pero él? Él no, al contrario. Tenía un colaborador con quien se llevaba muy bien, Gustavo. Elena, la esposa de Gustavo no estaba en México y entonces, César, sin decirme nada, llegó muy quitado de la pena y me dejó a los tres hijos de Gustavo para que los cuidara. Sí, no era suficiente con nuestros dos hijos, todavía me encandiló a los tres de su amigo, y yo, sin poderme mover de la cama, tuve que cuidar a los cinco pequeños cuyas edades iban de cuatro a los doce años, y aunque tuviera la ayuda de una persona en casa, yo estaba inmovilizada. Cuando le reclamé que cómo era posible que me dejara en las condiciones en las que estaba con cinco niños, se puso muy agresivo. Me dijo que ya no servía ni para cuidar chamacos, que no le hiciera drama, que era una exagerada. ¡Sirve de algo, pendeja!, ¡sirve para algo, cabrona!, me gritó antes de azotar la puerta e irse y no regreso sino hasta el domingo a medio día.

Si nos fijamos bien, aquí la comunicación ya es inexistente. No hay diálogo, solo hay una voz que importa, en mi caso, la de César, una vez impositiva y grosera que se refería a mí con insultos y descalificativos.

El respeto estaba totalmente perdido. Su lugar había sido suplantado por la desconsideración absoluta. Por si no tuviera suficiente con hacerme cargo de mis dos hijos en esas condiciones, todavía me llevó a los tres chiquillos de su amigo. Y cuando decidí protestar, su respuesta fue decirme que sirviera por lo menos para cuidar niños. La desconsideración se convirtió en un abuso flagrante.

Cuando llegó al día siguiente a mediodía ya no me quedaba duda alguna de que no había pasado la noche solo. La confianza estaba destruida. No había manera de que pensara de otra manera, porque no era la primera vez, porque no se tomaba el trabajo de inventar siquiera una excusa, porque le importaba un bledo lo que pensara o sintiera.

Y en cuanto a la identidad, la mía estaba liquidada. A fuerza de descalificaciones, agresiones, faltas de respeto y consideración ya no tenía identidad propia. Actuaba como autómata, intentando seguir las órdenes incuestionables de mi dictador personal. Estaba completamente aislada y sin recursos internos para liberarme de mi opresor. Hasta que desperté y ocurrió el milagro.

En el semáforo de las relaciones tenemos que estar muy alertas, ya que de estar en verde pueden evolucionar a ocupar el amarillo y si no hacemos algo rápido al respecto, inexorablemente, llegarán al rojo, cuando es imposible volver atrás.

CUESTIÓNATE, ¿EN QUÉ COLOR ESTÁ MI RELACIÓN?

Responde "Sí" o "No" a las siguientes preguntas. Al final, suma tus respuestas afirmativas.

1. ¿Puedo hablar abiertamente con mi pareja sin miedo a ser juzgada o castigada?
2. ¿Me siento valorada y respetada en la relación?
3. ¿Confío en mi pareja y siento que él confía en mí?
4. ¿Mi pareja respeta mis decisiones, amistades y tiempo personal?
5. ¿Siento que mi relación aporta paz y estabilidad a mi vida?

6. ¿Nos apoyamos mutuamente en nuestros sueños y proyectos?
7. ¿Mi pareja respeta mis límites sin intentar manipularme o hacerme sentir culpable?
8. ¿Nos comunicamos con empatía, sin gritos, críticas o humillaciones?
9. ¿Siento que mi pareja y yo estamos en el mismo equipo?
10. ¿Tengo claro que mi identidad sigue intacta dentro de la relación?

Resultados:

8–10 respuestas "Sí" → Relación verde (zona sana).

5–7 respuestas "Sí" → Relación amarilla (zona de alerta, hay signos preocupantes).

Menos de 5 respuestas "Sí" → Relación roja (Relación de Riesgo, busca ayuda).

Si tu relación está en la zona amarilla o roja, reflexiona lo siguiente:

- ¿Qué señales específicas has identificado?
- ¿Qué te impide tomar acción?
- Escribe tus pensamientos en un diario.

CONECTAR LOS 4 PILARES

En este ejercicio conectaremos por medio del análisis de los 4 pilares de nuestra relación con lo que hemos hablado en este capítulo.

Dibuja un cuadrado y divídelo en cuatro partes. En cada espacio escribe los pilares fundamentales de una relación sana:

COMUNICACIÓN	**RESPETO**
CONFIANZA	**IDENTIDAD**

Para cada uno, responde:

- ¿Cómo se manifiesta este pilar en mi relación actual?
- ¿Siento que está fuerte o debilitado?
- ¿Qué puedo hacer para fortalecerlo o recuperarlo?

Si más de un pilar está en riesgo, revisa en qué color está tu relación y toma decisiones en consecuencia.

¿ESTOY PERDIENDO MI IDENTIDAD?

Responde las siguientes preguntas:

- ¿Cuándo fue la última vez que tomé una decisión importante sin consultar o sentir miedo de la reacción de mi pareja?
- ¿He dejado actividades, amistades o sueños personales por esta relación?

- ¿Me siento libre para expresar lo que quiero o necesito sin temor?
- ¿Siento que mi pareja respeta mi esencia, o poco a poco he cambiado para encajar en lo que él espera?

Si detectas señales de desdibujamiento, haz una lista de tres acciones concretas para recuperar tu identidad (ejemplo: retomar un hobby, salir con amigas, poner un límite claro).

¿ESTOY EN UNA RELACIÓN AMARILLA?

Si tienes dudas sobre si tu relación está en zona de alerta, responde "Sí" o "No" a estas preguntas:

- ¿Siento que mi pareja ha cambiado y ya no es tan considerado como antes?
- ¿A veces me cuesta hablar con él porque temo que se enoje o se aleje?
- ¿Siento que me critica o me descalifica, aunque sea de manera sutil?
- ¿Hemos pasado por situaciones donde me ha pedido cambiar mi forma de ser para que la relación funcione?
- ¿Mi pareja ha hecho comentarios para que me aleje de ciertas personas que quiero?
- ¿Siento que cada vez hay más tensión o malentendidos en la relación?
- ¿A veces minimizo o justifico su mal humor, críticas o distanciamiento?

- ¿Siento que mi autoestima ha bajado desde que estoy en esta relación?
- ¿Me esfuerzo más de lo que mi pareja hace por la relación?
- ¿Tengo miedo de que si hablo claro, él me deje?

Resultados:

8–10 respuestas "Sí" → Zona amarilla en riesgo de volverse roja.

5–7 respuestas "Sí" → Zona amarilla en la que aún puedes tomar acción.

Menos de 5 respuestas "Sí" → Zona verde, pero con alertas que debes atender.

SI MI RELACIÓN ESTÁ EN ROJO, ¿QUÉ NECESITO VER?

Si has identificado que tu relación está en la zona roja, escribe un análisis honesto sobre estos puntos:

- ¿Qué es lo que más me duele de esta relación?
- ¿Qué miedos me mantienen en esta relación?
- Si una amiga viviera lo que estoy viviendo, ¿qué le diría?
- ¿Qué necesito para dar el primer paso hacia mi libertad?

Escribirlo te ayudará a ver la realidad sin la confusión que genera el apego emocional.

Con esto en mente, haremos el siguiente ejercicio para construir el camino hacia la zona verde. Si has identificado que tu relación está en zona amarilla o roja, haz un plan de acción personal en tres pasos:

1. Identifica el problema principal → ¿Es la falta de comunicación, el control, la falta de respeto?
2. Toma una acción concreta esta semana → Ejemplo: poner un límite claro, hablar con alguien de confianza, buscar apoyo profesional.
3. Evalúa tu sensación después de la acción → ¿Te sentiste más libre? ¿Más segura? ¿O firmaste que la relación es insostenible?

Si la relación está en zona roja, el paso más importante es buscar ayuda y asegurar tu bienestar emocional y físico.

Para finalizar. Escribe una carta para ti con las decisiones que estás dispuesta a tomar para recuperar tu bienestar y tu identidad.

Incluye frases afirmativas como:

- "Soy la única dueña de mi libertad y hoy recupero mi poder".
- "No permitiré que nadie me haga dudar de mi valor".
- "Merezco un amor que me haga sentir segura y en paz".
- "Hoy doy un paso hacia una vida sin miedo y sin control".

Lleva esta carta contigo y léela cuando sientas dudas o miedo.

Te comparto mi carta:

La decisión de volver a mí

Querida Loretta,

Hoy es el día. El día en que finalmente abrirás los ojos no solo para ver, sino para mirarte. El día en que dejarás de esperar lo imposible, de sostener con tus manos sangrantes los pedazos de un amor que jamás existió.

Sé cuánto has luchado.

Sé cuánto has llorado en la soledad de tu propia casa, en esa prisión sin barrotes que te construyeron, donde cada palabra, cada silencio, cada indiferencia te quitaba un poco más de vida.

Sé que en cada promesa rota te repetiste una vez más y que en cada disculpa vacía te convenciste de que tal vez ahora sí...

Tal vez ahora sí cambiaría. Tal vez ahora sí te vería. Tal vez ahora sí te amaría.

Pero hoy, Loretta, por fin lo entiendes: nunca cambió, nunca te vio, nunca te amó. Y no porque no fueras suficiente, no porque no fueras hermosa, no porque no valieras la pena.

No lo hizo porque no podía.

Porque los depredadores no aman, porque no hay nada dentro de ellos que pueda construir lo que llevas años intentando edificar sobre las ruinas de una ilusión.

Te han hecho creer que eres tú la del problema, que si tan solo fueras más paciente, más dócil, más fuerte, más callada...

Pero no, amor mío.

No importa cuánto des, nunca será suficiente para llenar el vacío de quien solo sabe destruir.

Hoy es el día, Loretta.

El día en que te levantas del suelo donde tantas veces te dejaron.

El día en que miras a esa mujer en el espejo y le dices: "Te devuelvo lo que siempre debió ser tuyo: tu vida, tu libertad, tu dignidad".

Hoy es el día en que eliges salvarte.

Te va a doler, sí.

Cada fibra de tu ser querrá aferrarse a la historia que imaginaste, a los momentos buenos que ahora parecen migajas envenenadas.

Pero ¿sabes qué va a doler más? Quedarte.

Quedarte y seguir desdibujándote, seguir apagándote, seguir esperando algo que jamás llegará.

Así que toma la llave, la que él te arrebató y que tú, sin darte cuenta, le entregaste.

Abre la puerta y sal. Y cuando el miedo te ataque y te haga dudar, recuérdate esto:

No estás sola.

No eres débil.

No es tu culpa.

Y, sobre todo: No hay nada que salvar en él.

Pero aún hay todo que salvar en ti.

Y eso, mi valiente Loretta, eso lo vale todo.

Con amor y con la certeza de que te levantarás más fuerte que nunca,

Loretta

CONCLUSIÓN

¡Adiós montaña rusa emocional!

Me costó mucho trabajo e incontables horas de dolor entender que no podía estar un segundo más en una Relación de Riesgo (RdR). En pocas palabras: toqué fondo. Vivía entre agresiones psicológicas, emocionales y, en la última etapa, físicas, aderezadas con promesas de cambio y fugaces momentos de júbilo; promesas de un mejor futuro que simplemente se desmoronaban al instante en que, su premeditado y bien calculado siguiente ataque, me tomara por sorpresa de nuevo. Mi matrimonio estuvo lleno de altercados y transgresiones que se diluían entre sonrisas fingidas que buscaban ocultar una verdad muy dura. Hasta que un día, con mucho valor que no sé dónde tenía guardado, le puse un alto definitivo e irrevocable. Era eso o morir.

Mi historia, estoy segura, se ha repetido millones de veces aquí y en todas las latitudes, porque los psicópatas narcisistas están en todos lados y son muy difíciles de detectar antes de caer en una Relación de Riesgo. Por eso decidí estudiar, prepararme, ponerle nombre y apellido a todas esas emociones que se viven cuando se está inmerso en una Relación de Riesgo y también a cómo salir de ellas para convertirte en un Ser Integrado, una persona completa que no está esperando que nadie la complemente, porque esto último es una de las mayores falacias que nos han inculcado.

Atrás quedó ese lapsus, cuando César intentaba dilapidar mi autoestima, mi confianza y mi seguridad. Sin embargo, por ahí, en un rincón de mi ser, estaba esa fuerza interior que César nunca logró aniquilar. Mi mayor deseo al escribir este libro es alertar y lanzar un anzuelo de ayuda oportuna y efectiva a todas esas mujeres que están atrapadas en Relaciones de Riesgo.

A través de mi historia con César y de todo el sufrimiento acumulado en los años que duró mi matrimonio y, aun después, cuando creía que la separación pondría fin a la pesadilla y no fue así, he dedicado años a desmenuzar, a estudiar con la ayuda de profesionales de la conducta humana, cuál es la diferencia entre lo que la gente llama "relación tóxica" cuando este término obedece a algo mucho más peligroso que es una "Relación de Riesgo".

Hay que empezar por distinguir qué tipo de persona es aquella con la que pensamos unir nuestra vida. Porque, muchas veces, de quien hay que cuidarnos es de esas personas que precisamente parecen príncipes sacados de un cuento de hadas y que no son sino depredadores con piel de oveja. Cuando menos nos damos cuenta, estamos atrapadas con alguien que empieza a cambiar sutilmente: "Mi amor, no necesitas maquillarte tanto, te ves hermosa al natural"; "querida te compré esta falda que no está tan corta y te vas a ver muy distinguida"; "fíjate que tu amiga Susana no te conviene, a leguas se ve que le encanta el chisme y te puede meter en problemas, ¿por qué no te alejas de ella?"; "¿de veras es forzoso que vayas a esa reunión de tu oficina? Yo preferiría que te quedaras conmigo". "¡Sorpresa! Cambio de planes. No vamos a ir a la comida familiar, tengo entradas para el teatro". Todas estas frases forman parte del repertorio del Rol Amenazante cuando ya han pasado de la etapa de la conquista que hace levitar a su víctima, el Rol Vulnerable, y la tiene totalmente embelesada y lista para caer en sus afiladas garras, como me ocurrió a mí con César.

El primer paso es distinguir si ese galán de ensueño no es un psicópata integrado o un narcisista. Las claves están a tu disposición en el Capítulo 1. Recuerda que los cuatro pilares del narcisismo son falta de empatía, la grandiosidad, el merecimiento y la validación. Son personas que no saben regular sus emociones y son incapaces de entablar relaciones de intimidad. El objetivo de sus relaciones es el sometimiento de la víctima a través de técnicas de control y castigo. Pero lo esconden muy bien porque suelen ser individuos seductores, encantadores, carismáticos, manipuladores, pero, sobre todo, muy inteligentes. Su capacidad de influir y manejar a los demás hace que frecuentemente ocupen posiciones de liderazgo. Están por todas partes y son verdaderos artífices del camuflaje.

Al escribir este libro a partir de mi propia historia, quiero llevarte de la mano por cada uno de los pasos que nos hacen caer en una Relación de Riesgo. Mi deseo es abrirte una por una las puertas que te conduzcan primero, a reconocer si te has convertido en Rol Vulnerable y, luego, a descubrir todas las trampas disfrazadas que el Rol Amenazante pone y que irremediablemente te llevan a un punto crítico en el que corre peligro tu vida. Y esto que te digo no es una exageración. Pasé por eso y por poco no la cuento.

Pero entre toda esta maraña de engaños y maltratos que son el común denominador de las Relaciones de Riesgo, hay una enorme luz de esperanza que gustosamente te comparto a lo largo de estas páginas y que he vertido como un manual para que te sea fácil aprender a vivir siempre en relaciones de amor maduro y feliz.

En otras palabras, uno de los objetivos de este libro es que te conviertas en un "Ser Integrado", que es cuando tomas la llave de tu libertad. Para mí ocurrió cuando estuve a punto de perder la vida a manos de César, quien apretaba mi cuello en un ataque de ira psicótica que relaté en páginas anteriores. Doy cuenta ahí de cómo vi esa luz intensa que brillaba y me anclaba a la esperanza mientras luchaba por respirar y haciendo acopio de todas las fuerzas que tenía, logré zafar una de las manos de mi verdugo y cuando providencialmente llegó mi mamá, él me soltó por fin. La luz seguía ahí porque representaba la llave de mi libertad.

Ya te diste cuenta a lo largo de la lectura que el proceso de liberación no es fácil y no es rápido. Desaprender es vital en el camino para salir de una Relación de Riesgo (RdR). Como expliqué en el Capítulo 5, la acción de desaprender es todo un reto, pero ten confianza en que tu cerebro tiene la capacidad de borrar las conductas aprendidas y reprogramarse para nuevas enseñanzas de conductas que pasarán a formar parte de tu nuevo repertorio reaprendido. Para llegar a ese punto, en el Capítulo 6 te doy las claves.

Todo lo que reaprendiste refuerza tu autoestima. Como ya advertiste en los capítulos previos, si te convertiste en Rol Vulnerable es porque tenías una baja autoestima que es el resultado de muchos factores que se remiten a carencias afectivas principalmente.

Dedico gran parte del Capítulo 7 a descifrar las claves para una autoestima a prueba de cualquier psicópata integrado que se presente por ahí muy bien disfrazado. Te garantizo que cuando tu autoestima sea fuerte y poderosa, pronto detectarás las señales de alerta que todo narcisista lanza, y podrás esquivar sus intentos de convencerte para después llevarte como corresponde al depredador que es, a sus terrenos donde tiene planeado desde el principio volverte su presa.

Cuando eres dueña de todos los elementos de la autoestima has descubierto ya tu Cofre del Tesoro con todos esos recuerdos felices que están allí para arroparte cuando te golpee el vendaval de la tristeza. Pero quiero decirte que en este punto ya estás a un paso de convertirte en un Ser Integrado.

A veces no resulta tan fácil identificar en qué tipo de situaciones nos encontramos porque cuando estás en una situación de riesgo, como Rol Vulnerable, es muy posible que tengas apagado tu sistema de alerta. Para que puedas distinguirlas y actuar en consecuencia, te recuerdo que diseñé un semáforo para las relaciones. Las que están en semáforo verde son aquellas a las que debes aspirar a estar siempre. Se trata de relaciones sanas, consideradas, empáticas, donde hay libertad, admiración, solidaridad, reconocimiento. En el Capítulo 9 te ofrezco un listado completo de todas estas características.

También explico qué condicionantes ponen tu relación en semáforo amarillo, que equivale a la preventiva de un semáforo de tránsito. Aquí ya hay muchos signos de alarma: desconsideración, falta de respeto, desconexión, agresión psicológica y verbal. La situación de riesgo está a punto de convertirse en un peligro para tu vida.

El rojo. Todos sabemos que cuando se prende la luz roja debemos parar. Pues lo mismo ocurre con una relación que ha llegado al color rojo, es cuando el riesgo se agrava y cuando incluso tu vida corre peligro. Los síntomas son claros, tú ya no existes, te has visto reducida a un objeto utilitario que tiene que cumplir a rajatabla con lo que se le ordena, sin derecho a protesta con el riesgo de sufrir una agresión física, verbal y psicológica sin precedentes. El Rol Amenazante ya no solo te intimida, sino que te castiga con crueldad y, en muchos casos, se atreve a atentar contra tu vida.

Este es el punto álgido, el momento de aferrarte a la llave de tu libertad para que te abra las puertas y te salves.

Con todo lo que has avanzado en el transcurso de la lectura y como te decía líneas arriba, estás a un paso de convertirte en un Ser Integrado que vive en la zona verde, porque eres capaz de relacionarte sanamente con los demás. Si por el momento no tienes pareja. No te preocupes. Un Ser Integrado emite una energía que muy pronto atraerá a tu vida a la pareja indicada. A mí me pasó. Sin proponérmelo, Mario llegó a mi vida y hoy somos una pareja real, que disfruta de un amor libre y sano, porque ninguno de los dos necesitábamos a alguien que nos complementara, sino a alguien con quien compartir nuestra plenitud. Y en esto radica la gran diferencia.

Pero ¿cómo es un Ser Integrado? Es alguien que ha dejado de ser la persona que éramos en una Relación de Riesgo y se convierte en una versión renovada y mejorada de sí misma. Es alguien que ha desaprendido para deshacerse de todas sus carencias emocionales, reaprendido nuevas conexiones sanas y restaurado su autoestima, algo que requiere de un gran valor y una voluntad a toda prueba.

Y cuando te conviertes en un Ser Integrado en tu casa mental y espiritual encuentras "la joya de la corona": la paz.

La paz es un estado de gracia. Es decir, un estado de tranquilidad constante que proviene de la certeza de que tus acciones están respaldadas en la empatía, la consideración, el reconocimiento, la equidad, la justicia y la buena fe.

La paz es la verdadera felicidad. La dicha es el disfrute momentáneo de un buen momento, un buen resultado, un evento fortuito positivo. Pero la dicha es efímera como el hecho que la produjo. En cambio, la paz es un estado permanente e inamovible, y procede de la congruencia que existe entre el pensamiento, el sentimiento y la acción.

Cuando termines de leer este libro, deseo de todo corazón que seas un Ser Integrado, cuyas relaciones siempre se desenvuelvan en la zona verde y, por sobre todas las cosas, que en tu mente y en tu corazón, de hoy en adelante, reine la paz.

Para tener acceso a esta nueva y mejorada versión de ti debes tener una cosa: la llave de tu libertad. Desde el momento en que llegaste a este mundo, fuiste dotado con esa llave, una herramienta poderosa que has entregado como si fuera un objeto sin valor. Cada vez que permitiste que otros la manejaran, renunciaste a una parte de ti, a tu poder. Pero, estoy segura de que al final de este libro, la única dueña de la llave serás tú y no estarás dispuesta a cederle el poder de tu libertad a alguien más.

Y para que esa libertad sea duradera, debes comenzar el camino para convertirte en un Ser Integrado. Una persona que se encuentra a sí misma, que deja de ser la hija, hermana, esposa y madre perfecta, para ser ella, con sus fortalezas y sus debilidades, para emerger de las cenizas como el Ave Fénix.

No niego que el proceso es doloroso. ¡Qué digo doloroso, extremadamente doloroso! Hay que hacer una operación de desapego que produce un sufrimiento a veces insoportable, pero necesario. Desnudar el alma es muy difícil y verse a uno mismo desprovisto de todo aquello que no sea estrictamente indispensable para la propia vida es al principio muy complejo, pero cuando vas abriendo cada vez más los ojos a esa imagen te vas viendo con tus cualidades, con todas las fortalezas que te hacen única e irrepetible; entonces, también puedes ver sin miedo tus debilidades y cómo tus fortalezas apuntalan las flaquezas para que estas no tengan un peso tan predominante en tus acciones. Por fin te reconoces, por fin, sin ningún temor, te conviertes en un Ser Integrado, gracias a todo el trabajo de desaprender y aprender nuevos circuitos virtuosos para la vida.

Abrazos repletos de libertad y cariño.

Loretta

Esta obra se terminó de imprimir
en el mes de noviembre de 2025,
en los talleres de Impresora Tauro, S.A. de C.V.
Ciudad de México.